Discussing Everything Chinese (Volume 1)
Transcript of Listening Exercises

Li-li Teng Foti
Rongzhen Li
Yu-lin Wang

© 2006 MyChineseClass LLC

Table of Contents

第一课 中国人眼中的英雄 5
    对话一 5
    对话二 6
    对话三 7
    对话三 老师讲解 8

第二课 女人能顶半边天 11
    对话一 11
    对话二 12
    对话三 14
    对话三 老师讲解 15

第三课 孩子，我要你比我强 18
    对话一 18
    对话二 19
    对话三 20
    对话三 老师讲解 21

第四课 中国的民间组织与民间活动 25
    对话一 25
    对话二 26
    对话三 28
    对话三 老师讲解 29

第五课 秘密 32
    对话一 32
    对话二 33
    对话三 35
    对话三 老师讲解 36

第六课 迟来的幸福 40
    对话一 40
    对话二 41
    对话三 43
    对话三 老师讲解 43

第七课 美国梦 47
 对话一 47
 对话二 48
 对话三 50
 对话三 老师讲解 51

第八课 学成语 55
 对话一 55
 对话二 57
 对话三 58
 对话三 老师讲解 59

第九课 俗语和顺口溜 63
 对话一 63
 对话二 64
 对话三 66
 对话三 老师讲解 67

第十课 谈"吃" 71
 对话一 71
 对话二 72
 对话三 74
 对话三 老师讲解 75

第十一课 中国的摇滚歌手崔健 79
 对话一 79
 对话二 80
 对话三 82
 对话三 老师讲解 83

繁體目錄:pp.87-88

第一课 中国人眼中的英雄

对话一

A. 爸，你年轻的时候，也喜欢打球吗？

B. 什么球，篮球吗？

A. 当然是篮球啊！你长得这么高，打篮球最好了。

B. 咳！那都是年轻时候的事了。现在我老了，跑得太慢，打不动了！人家麦可乔丹打到三十多岁就不打了，你看看我，都已经快五十岁了，哪还能打篮球啊！

A. 那不一样，麦可乔丹是职业球员，打球是他的工作，是为了赚钱。我们不是职业球员，我们打球是为了玩。

B. 每天打打球是很好玩。上次你说你们学校有几个球队？

A. 有四个篮球队，另外，还有两个足球队。

B. 那么多球队啊？那每个球队有多少个球员？

A. 不一定，一般来说，一个球队都有十几个球员。

B. 你们有球赛吗？哪天我去看你们的球赛，怎么样？

A. 好啊。我们学校差不多每个星期都有两三场球赛，当然欢迎你来看我们打球，给我们加油。对了，星期六我们要练习，你可以来跟我们一起玩。

B. 你不觉得我太老了吗？

A. 你还年轻得很呢，别说自己老了。我同学他爸爸也跟我们打过，大家都玩得高兴得很。

B. 哦？好吧，我这个星期六就跟你们一起打。

1. 关于对话中的女儿，下面哪个不对？
a. 她常常打球赚钱
b. 她希望爸爸和她一起打篮球

c. 她认为爸爸还年轻

2. 对话中说麦克乔丹是一个职业球员，意思是：
a. 麦克乔丹是一个很好的球员
b. 麦克乔丹赚了很多钱
c. 打球是麦克乔丹的工作

3. 关于对话中的"爸爸"，下面哪个不对？
a. 他认为自己已经老了
b. 他年轻的时候喜欢打篮球
c. 他年轻的时候是一个职业球员

4. 根据对话，关于女儿的学校，下面哪个不对？
a. 学校的篮球队比足球队多
b. 学校篮球队的球员比足球队多十几个
c. 学校差不多每星期都有两三场球赛

5. 爸爸这个星期六可能会做什么？
a. 可能去打球赚钱
b. 可能和女儿的球队一起打球
c. 可能和女儿一起看职业球赛

对话二

A. 你听说了吗？小丽一家出车祸了。

B. 听说了，小丽的父母都在车祸中去世了，真是太不幸了。

A. 我早就告诉她爸爸喝了酒以后别开车，可能会出车祸，可是他就是不听。

B. 是啊，要是他早听你的，就不会发生这么不幸的事了。还好，小丽没事。

A. 没事是没事，可她以后怎么办呢？才三岁，就没有父母，成了一个孤儿。

B. 是啊，父母对孩子的一生影响是很大的。小丽这一生，才刚开始，就没有了父母，发生了这样的不幸。唉…

A. 我们都是小丽父母的好朋友，他们去世了，我们以后得多关心他们的女儿。

B. 那当然，但我认为最重要的还是帮小丽再找一个家。

A. 我同意。

1. 根据对话，关于小丽，下面哪句不对？
a. 小丽现在很不幸
b. 小丽现在是一个孤儿
c. 小丽去世了

2. 根据对话，关于小丽的父母，下面哪个不对？
a. 小丽的父母很听朋友的话
b. 小丽的父母去世了
c. 小丽的父母出车祸了

3. 根据对话，小丽的父母出车祸是因为：
a. 开车开得太快
b. 喝酒以后开车
c. 开车时太难过

4. "小丽成了孤儿"意思是：
a. 小丽成了没有爸爸妈妈的孩子
b. 小丽的生活很不幸
c. 小丽出了车祸

5. 根据对话，下面哪句不对？
a. 说话人认为小丽成了孤儿是件很不幸的事
b. 说话人认为父母对孩子一生的影响很大
c. 说话人要当小丽的新爸爸新妈妈

对话三

A. 唉，小李，怎么这么沉默，半天都不说话，是不是不高兴啊？

B. 没有啊，我从小就是个安静的孩子，不喜欢说话，总是安安静静地看书、看电视。

A. 是吗？我跟你可不一样，我小时候整天又跑又跳的。

B. 看你的样子就知道你小时候很顽皮。

A. 是啊，有一次，我还踢了别的孩子，把那孩子的腿都踢坏了。

B. 真的啊，小王，你怎么能这样，那，后来呢？

A. 后来我妈把她存了好几年的钱，都给了那个孩子的父母，让他们带那孩子看医生。

B. 那个孩子的腿好了吗？是不是恢复得跟以前一样？

A. 我也不知道恢复得怎么样，那件事发生以后，我们只好搬家，一家人带着大包小包的行李，搬到另一个地方住。

B. 还得搬家啊！你真不该踢人家那个孩子呢。

A. 但他总是笑我穿的衣服不好，说我妈不爱我，不给我买好衣服。

B. 这个孩子也真是的，怎么能说这样的话？不过，你小时候穿的衣服真的不好吗？

A. 是啊，不过那当然不是因为我妈不爱我。

B. 那是因为什么呢？

A. 是因为我妈小时候生活贫穷，长大以后有钱了，她还觉得衣服只要能穿就行了，不用买太贵的，也不用想它流行不流行。

B. 我妈和你妈一样，也是来自贫穷的家庭。

A. 虽然我妈来自贫穷的家庭，但她很无私，她不给自己的孩子买好衣服，却常常捐钱帮助别人。

B. 我妈比你妈自私一点。有一次，我爸想给一个孤儿捐点钱，我妈不同意，她说那些钱要存下来给我上大学，不能捐出去。

A. 也不能说你妈妈自私，妈妈都太爱孩子了。哎，我妈妈已经去世了，说真的，我好怀念她啊。

B. 我想那是一定的。

对话三 老师讲解

生：这个对话一开始，男说话人小王问小李"怎么这么沉默？"沉默是什么意思？
师："沉默"意思是一个人不说话，或者不爱说话。
生：哦，所以说"小李今天很沉默"，意思就是"小李今天不爱说话，很安静"。
师：对，比方说，星期一上课，学生都有点累，比较沉默，没有平时那么活泼。
生：那小李今天为什么那么沉默？她不高兴吗？
师：不是，她说她从小就比较沉默，不像小王小时候那样顽皮。
生："顽皮"是什么意思？
师："顽皮"常常是说小孩子不安静，喜欢开玩笑，常常给别人带来麻烦，顽皮的学生可能会让老师觉得比较难管理。
生：哦，小王小时候很顽皮吗？
师：对呀，他常常给妈妈带来麻烦。有一次他把另一个孩子的腿都踢坏了。
生：踢坏了？"踢"是什么意思？
师：你知道，要是一个小孩子不高兴，他就用手打人，用脚踢人。
生：哦，我知道了，我们用手打篮球，用脚踢足球。
师：对了，小王把人家小孩的腿踢坏了，他妈妈只好把家里存的钱都拿出来给那个小孩看病。
生："家里存的钱"，"存"是什么意思？
师："存"就是把钱或者别的东西留起来，等以后有需要的时侯再用。小王的妈妈可能一点一点地存了一些钱。
生：哦，他妈妈把存的钱都给那个孩子看腿了，唉，小王也真是的。
师：是啊，就因为这，他们只好搬家。又要找房子，又要收拾行李，搬东西。
生："搬家"我知道，就是搬到另一个地方住，你说收拾行李，"行李"是什么？
师：你出去旅行得带一些东西，比方说衣服，一些用的东西等等，这些东西放在一个个包里，就是行李。
生：哦，他们带着很多行李，就是带着很多东西。
师：是啊，因为小王他们搬家了，所以小王不知道那个男孩子的腿是不是恢复了。
生："腿是不是恢复了"，"恢复"是什么意思？
师：一个人原来身体很好，有病以后，病好了，就是身体恢复了。
生：那个男孩的腿被踢坏了，后来他的腿恢复了，意思就是他的腿跟以前一样好了，是不是？
师：对，还可以说恢复关系，比方说你跟一个好朋友因为一件事生气不说话了，过了一段时间又好了，可以说你们的关系又恢复了。
生：那小王为什么要踢那个男孩子的腿呢？
师：因为小王穿的衣服不好看，不太流行，那小孩说小王的妈妈不爱小王。
生：衣服不流行？流行是什么意思？
师："流行"就是一个新的事情或新的东西，在一段时间里有很多人喜欢，很受大家欢迎。比方说年轻人都喜欢唱流行歌。
生：哦，我懂了，今年流行蓝色，我看很多女孩子都穿蓝色的衣服。那为什么小王的妈妈不给他买流行的衣服呢？
师：因为小王妈妈小时候家里比较贫穷，她现在还觉得衣服只要能穿就行，不用管它是不是流行。
生：你说"小王的妈妈小时候家里比较贫穷"，"贫穷"就是没有钱，对吧？
师：对，你也可以说"生活很穷"。小王的妈妈小时候很贫穷，现在虽然她有了自己的孩子，可是她总是很无私地帮助别的贫穷的孩子。
生："无私"是什么意思？
师："无私"就是总是为别人想，帮助别人，不为自己想。
生：我懂了，我的朋友总是很无私地帮助我。世界上最无私的爱就是妈妈的爱。
师：对呀，妈妈总是把自己全部的爱都无私地给了孩子，为了自己的孩子，妈妈有时可能会有点儿自私。

生："自私"跟无私相反，就是只为自己或者自己的家人想，对吧？
师：对，小李说他妈妈比小王的妈妈自私一点。
生：为什么呢？她怎么可以说自己的妈妈自私呢？
师：她说她妈妈不想给孤儿捐钱，想把钱存下来给她上大学用。
生：给孤儿捐钱，捐钱是什么意思？
师：捐钱，就是把自己的钱给那些需要帮助的人。你也可以捐衣服或者别的东西。
生：所以说，小李的妈妈不想给孤儿捐钱，而小王的妈妈很无私，总是捐钱帮助别人，对吧？
师：是啊，小王的妈妈去世了，小王说他很怀念他的妈妈。
生："怀念"是什么意思？
师：在你生活中出现过的人，发生过的事，你很喜欢，后来还常常想起来，这就是怀念。
生：哦，我现在最怀念小时候的生活了，不用上课，没有考试，每天吃了玩，玩了吃。真好！

对话三问题：

1. 根据对话，下面哪句不对？
a. 女孩小李比男孩小王安静
b. 男孩小王比女孩小李顽皮
c. 男孩小王总是很沉默

2. 小王把一个孩子的腿踢坏以后，根据对话，下面哪个不对？
a. 小王的妈妈把几年存的钱给了那个孩子的父母
b. 那个孩子的腿恢复得跟以前一样好
c. 小王一家带着很多行李搬家了

3. 小王把那个孩子的腿踢坏了，因为：
a. 那个孩子总是笑小王的衣服不好
b. 小王的妈妈不给孤儿捐钱
c. 小王很顽皮，喜欢踢别人

4. 女孩小李的母亲不给孤儿捐钱是因为：
a. 她要存钱给女儿上大学
b. 她很自私，从来不帮助别人
c. 她很无私，也很贫穷

5. 关于男孩小王的妈妈，下面哪个不对？
a. 她已经去世了，小王很怀念她
b. 她很无私，常常捐钱帮助别人
c. 她有了孩子以后，生活很贫穷，没钱买流行的新衣服

第二课 女人能顶半边天

对话一

A. 你知道吗，小丽，最近这几年色情行业在上海、北京等大城市是个很大的问题。

B. 什么色情行业？

A. 哎呀，连色情行业你都没听说过？女人为了赚钱，陪男人跳舞、喝酒、睡觉，这就是做色情行业。当然也有男人做色情行业的。

B. 哦，我一直生活在农村，真不知道在城市里竟然有色情行业。这些女人为什么喜欢往色情行业里跳，在别的行业里找个工作不行吗？

A. 在别的行业不容易赚钱嘛！你说，在餐厅里做服务员，一个月才能赚多少钱啊？

B. 话是没错，但你给我再多钱，我也不愿意陪陌生男人跳舞，喝酒，睡觉。

A. 你想陪，人家还不一定要你陪呢！做色情小姐，得长得漂亮，也得知道怎么让自己看起来性感。

B. 我长得也不难看啊，要性感，少穿点衣服不就性感了吗？

A. 没那么简单，还有，你太沉默了，做色情小姐得喜欢开口说话，愿意跟别人交流。

B. 哎呀，小张，你们城里人讲究吃，讲究穿，怎么找小姐也这么多讲究啊？

A. 那当然。城里人干什么都很讲究，吃要吃好的，穿要穿贵的，找小姐要找漂亮、性感的，最好是上过大学的。

B. 什么？上过大学还会去干色情行业？

A. 所以我说这是个问题嘛！

1. 小张和小丽在讨论：
a. 怎样可以看起来性感
b. 城市色情行业的问题
c. 做色情行业为什么可以赚钱

2. 关于色情行业，下面哪个是女说话人小丽的看法：
a. 她不同意为了赚钱做色情行业
b. 她觉得自己长得不难看，愿意做色情行业
c. 她认为色情行业可以赚很多钱，值得做

3．男说话人小张认为小丽做小姐不行，因为：
a. 小丽不漂亮、不性感
b. 小丽不是大学生
c. 小丽太沉默，不喜欢跟别人交流

4．根据对话，很多女人做色情行业是因为：
a. 他们太漂亮、太性感
b. 做色情行业更容易赚钱
c. 他们生活在城市，很讲究

5.如果我们说一个人找小姐也很讲究，意思是：
a. 这个人吃要吃好的，穿要穿贵的
b. 这个人在色情行业工作
c. 这个人对要找的小姐有很多要求

对话二

A. 大为，你有没有听说过中国的独生子女政策？

B. 没有啊，安妮，你给我说说？

A. 所谓独生子女政策，就是一家一个孩子的政策。因为中国人口太多了，政府要用这个政策来控制人口增长。

B. 真的呀，中国政府连人们生孩子都要管？好在我是美国人，要不然我爸爸妈妈就只有我哥哥，没有我，更别说我妹妹了。

A. 中国政府也是没办法，你知道，中国的人口太多了，如果不控制人口增长，经济就不能发展。

B. India 的人口也很多，他们有没有这个独生子女政策？

A. 印度没有这个政策，所以他们的人口增长得很快，有人说2035年以后，印度的人口会比中国还多。

B. 看来印度也得学中国，开始独生子女政策喽。

A. 不过这个政策也给中国社会带来很大的问题。

B. 哦？什么问题？

A. 男女比例问题，中国现在的男女比例差不多是一百一十五比一百。

B. 为什么会有这样的问题呢？

A. 这主要是因为传统观念。你知道，中国人都一定要有个男孩子。

B. 这样下去，中国的男女比例问题会越来越严重。

A. 也不一定，中国人的观念在改变，渐渐地他们会发现男孩女孩都一样好。

B. 希望会这样。另外，我觉得这个独生子女政策也不能太严格了，要不然，以后中国人口中老人的比例也会越来越大。

A. 我同意。听说现在这个政策已经改变了一些，如果一个人是独生子，太太是独生女，他们可以生两个孩子。

B: 嗯，这样好。

1. 关于女说话人安妮，下面哪个不对？
a. 安妮帮助大为认识中国的独生子女政策
b. 安妮说她是一个独生女
c. 安妮认为中国人一定要有男孩的这个观念会慢慢改变。

2. 中国政府的独生子女政策是为了：
a. 控制人口增长
b. 控制男女比例
c. 控制经济发展

3. 根据对话，关于印度和中国，下面哪个不对？
a. 现在印度人口比中国人口多
b. 现在印度人口增长比中国快
c. 现在印度政府没有控制人口增长

4. 下面哪个问题不是因为独生子女政策？
a. 男女比例是１１５：１００
b. 老人的比例增大
c. 一家一定要有个男孩子

5. 关于男女比例问题，大为认为：
a. 这个问题在中国有可能会越来越严重
b. 印度应该学习中国，控制男女比例
c. 这个问题没有老人比例增大的问题严重

对话三

A. 老王，听说你们家儿子娶了个律师做太太，每个月赚的钱比你儿子多多了吧！

B. 钱赚得多有什么用？她这个女强人啊，每天都忙得不得了，家里的事都是我儿子做！

A. 你儿子对太太这么好，嫁给他做太太真不错啊！

B. 唉！我儿子也没办法。结婚以前他告诉我他要娶这个又漂亮又能干的女孩，我当然高兴，可一知道她是一个律师，我马上就反对。

A. 为什么呀？你不喜欢律师？

B. 你说，要是一个女人做律师，哪还有时间照顾家里？所以呀，老李，娶太太千万不能娶女强人。

A. 唉，他们俩好就行了，我们做父母的最好别管太多。

B. 他们要结婚我可以不管，但这次他们要堕胎，我可一定得管！

A. 什么？她怀孕了？那为什么要堕胎呢？是个女孩子吗？

B. 不知道是男孩还是女孩，现在怀孕以后，医院里不告诉你孩子的性别了。太多人知道是女孩后就想办法把孩子堕了。

A. 这么说来，他们堕胎不是因为想要男孩？

B. 我儿子他们没有重男轻女的观念，男孩女孩对他们来说都一样。现在都已经二十一世纪了，什么都讲究男女平等。

A. 对对对，你儿子他太太自己就是个女强人！那他们为什么要堕胎呢？

B. 还不就是为了工作嘛！有了孩子在工作上就做不成女强人了！

A. 那怎么行？为了工作就不要孩子，这样的观念怎么能让人接受。我看，你得跟你儿子他们好好说说。

B. 我已经告诉他们我反对堕胎，我要有个孙子。

A. 你说他们会听你的吗？

B. 我也不知道，唉，真让人伤脑筋，怎么办呢？！

对话三 老师讲解

生：这个对话开始的时候说"娶个太太"，又说"嫁给他做太太"，这"娶"和"嫁"是一样的意思吗？
师：噢，不一样，"娶"是说一个男人结婚，"嫁"是说一个女人结婚。
生：哦，可以说一个男人娶了一个太太，娶了一个漂亮的女孩子，但你不能说一个女人娶了一个先生；你得说一个女人嫁了一个先生，嫁给了一个律师。
师：对了，"嫁"还有一个用法，你可以说一个父亲把女儿嫁给了一个贫穷的老师。
生：那这个对话里，老王的儿子娶了一个什么样的太太？
师：老王的儿子娶了一个女强人做太太。
生："女强人"？"女强人"是什么意思？
师："女强人"就是很聪明，很能干，在工作方面非常成功的女人。
生：那女强人每天忙工作，哪有时间照顾先生，照顾孩子呢？
师：是啊，所以老王反对儿子娶一个律师做太太。
生："反对"就是不同意，对吧？
师：对，比方说我认为姚明比雷锋更值得尊敬，可是我父母一定会反对我的看法。
生：那当然，年轻人的想法常常会受到老一辈的反对。
师：是啊，现在儿子的太太怀孕了，可是她要堕胎，老王当然非常反对。
生：等等，"怀孕"我知道就是一个女人肚子里有了孩子，那什么是"堕胎"呢？
师："堕胎"就是女人怀孕以后，又不想要肚子里的孩子，就把孩子拿掉了，所以孩子没出生就死了。
生：哇，怎么能这样呢？
师：你知道现在中国有一家一个孩子的政策，所以很多人堕胎，因为他们重男轻女，想要个男孩子。
生："重男轻女"就是把男孩子看得比女孩子重要，对吧？
师：对，在中国女孩子长大嫁给男人以后，就离开父母了，生的孩子要姓先生家的姓，所以如果这家只有女孩子，以后就没有孙子，没有后代了。
生：这么说来，为了要个男孩子，要是一个女人知道自己肚子里怀的是女孩，都要去堕胎了？
师：以前可能，但现在多半的医院不会让一个怀孕的女人知道她孩子的性别了。

生："孩子的性别"，"性别"是什么？
师："性别"就是一个人是男的还是女的。"孩子的性别"就是说孩子是男孩子还是女孩子。
生：哦，我懂了，医院不告诉父母孩子的性别，那些怀孕的人就没办法决定要不要堕胎了。
师：是啊，不过老王的儿子和太太认为男女平等，他们不是因为怀了女孩子才要堕胎的。
生：你说他们认为男女平等，"男女平等"是什么意思？
师："男女平等"就是认为男人和女人一样重要，一样能干，谁也不能控制谁。
生：哦，我可以说白人和黑人是平等的，老师和学生之间是平等关系，对吧？
师：对，二十一世纪了，人人都是平等的。
生：二十一世纪？世纪是什么意思？
师：一个世纪就是100年。现在是2006年，就是二十一世纪，1900年到1999年都是二十世纪。
生：哦，所以说新世纪人人平等，男女当然也平等，老王的儿子和太太不重男轻女，那他们为什么还堕胎呢？
师：是因为他们觉得有孩子会影响工作，你知道这个太太是个女强人。
生：那怎么行？不管是二十一世纪还是二十世纪，人都得要孩子，老人都想要孙子。
师：对呀，所以老王这几天一直在为这件事伤脑筋。
生："伤脑筋"？什么是"伤脑筋"？
师：我们常常说为一件事伤脑筋，意思就是这件事让人很头疼，不知道怎么办，一直想啊，想的。
生：哦，我妈妈常常为钱伤脑筋，你知道我们家只有她一个人工作，而我还有两个妹妹准备要上大学。
师：对呀，你可以说为一件事伤脑筋，也可以说一件事让人伤脑筋。
生：那儿子和太太决定要堕胎的事让老王很伤脑筋，对吧？
师：对，老王不能接受没有孙子这件事。她一定要有个孙子。
生：你刚才说"不能接受没有孙子这件事"，"接受"是什么意思？
师："接受"就是你同意要，你不反对。比方说，我送给你一件衣服作为生日礼物，你接受了，这件衣服就是你的，你不接受，就还是我的。
生：那还可以接受一件事，接受一种看法，对吧？
师：对，接受你的看法，就是同意你的看法，接受你的安排，就是同意你的安排，也就是你怎么安排，我就怎么做。
生：所以说老王不能接受没有孙子这件事，意思就是老王不同意他们堕胎，老王一定要有一个孙子。
师：对了！

对话三 问题

1. 关于老王儿子娶的太太，下面哪个不对？
a. 她常常为家里的事忙
b. 她是个女强人
c. 她又漂亮又能干

2. 老王儿子的太太怀孕了，孩子的性别是：
a. 男孩
b. 女孩
c. 不知道

3. 老王在儿子结婚的时候，反对儿子娶那个女孩，因为：
a. 这个女孩子不能干、不漂亮
b. 这个女孩子重男轻女、以后要堕胎
c. 这个女孩子工作太忙，没有时间照顾家里

4. 老王儿子的太太要堕胎，因为：
a. 以前老王反对他们结婚，她不想给老王生孙子
b. 要做女强人，不想生孩子
c. 重男轻女，想要个男孩子

5. 根据对话，下面哪个不对？
a. 老王的儿子很听妈妈的话
b. 怀孕以后，医院不会告诉你孩子的性别
c. 老王不能接受为了工作不要孩子的观念

第三课 孩子，我要你比我强

对话一

A.（女）老李，上次你说你的书要出版了，我在书店里怎么找都找不到！到底出版了没？

B. 还没呢，快了，再过三四个月你再去书店里看看。

A. 那太好了。你的书出版以后一定很畅销，头一个星期就能卖五六千本。

B. 我也希望我的书能畅销，能有很多读者。

A. 你放心，一定会有很多读者的。你的书是教人怎么培养孩子的，现在一家就一个孩子，每个家长都很关心对孩子的培养和教育。

B. 是啊！我希望关心孩子的家长们都会买这本书，都成为我的读者。我的书给读者提供了很多培养孩子的方法。

A. 哎，说真的，培养孩子可不简单，跟孩子交流最让人伤脑筋。

B. 是啊，小文，培养孩子要讲究方法，不能太严格，要多鼓励他们，跟孩子做朋友。

A. 嗯！你这个观念很有意思，看来你的书真的值得看喽。

1. 老李和老王在谈什么？
a. 怎样可以出版一本畅销书
b. 培养孩子为什么让人伤脑筋
c. 老李要出版的一本书

2. 关于老李要出版的这本书，下面哪个说法不对？
a. 这本书已经出版了
b. 这本书是关于培养孩子的
c. 这本书可能会有很多读者

3. 对小文来说，培养孩子最难的是什么？
a. 怎样跟孩子交流
b. 怎样鼓励孩子
c. 怎样帮孩子买书

4. 下面哪个最有可能是老王这本书的读者？
a. 一个中学生
b. 一个中学生的老师
c. 一个中学生的爸爸

5. 根据对话，下面哪个不对？
a. 跟孩子做朋友对小文来说也许是个新观念
b. 老王认为培养孩子，家长一定要很严格
c. 老王的书给读者介绍培养孩子的方法

对话二

A. 老王，你听说了吧，小明考上了哈佛，真没想到，像小明这么笨的孩子，竟然能进名校念书。

B. 唉，老李，你怎么说小明笨呢？能申请上哈佛这样的名校，应该很聪明啊！

A. 你不知道，我常常跟小明的爸爸聊天，小明小时候每次考试只能考个三四十分，比我的孩子差多了，我以为他连名校根本都不敢申请呢。

B. 哈！真的啊！我没想到他小时候是个让人伤脑筋的孩子呢！

A. 是啊！谁能想到这些学校不但要他，还给他奖学金。他上大学，他爸妈连一分钱都不用花。

B. 这些名校是不会要笨学生的，你不能光看考试，我相信小明一定很聪明。

A. 我看他是因为篮球打得好才申请到奖学金的。

B. 只会打球，不会读书是申请不上名校的。我看，小明小时候只是不用功，不喜欢考试。长大了，知道用功，就不一样了。

A. 嗯，你说的也有道理，小孩子哪有不想玩的？顽皮、不用功是免不了的。

B. 所以说嘛，孩子小时候笨不见得就真的笨，小时候学习好，也不见得就能考上名校。申请名校啊，看的不只是学习的好坏。

A. 唉，我的孩子明年也要申请大学了，他学习一直很好，听你这么说，我应该多鼓励他参加课外活动，这样申请名校才更有希望啊。

1. 说话人老李认为小明是个笨孩子，因为：
a. 小明篮球打得不好
b. 小明申请上了一个名校
c. 小明小时候考试考得很差

2. 关于小明，下面哪个不对？
a. 小明篮球打得很好
b. 小明申请上了一个名校
c. 小明小时候学习很用功

3. 根据对话，小明申请到了名校的奖学金，可能是因为：
a. 小明很聪明，而且篮球打得很好
b. 小明的父母很贫穷，一分钱都没有
c. 小明小时候很顽皮、不用功

4. 根据对话，关于说话人老李，
a. 过去可能不重视孩子的课外活动
b. 他的孩子也申请到了名校的奖学金
c. 他的孩子很笨，但很用功

5. 根据对话，下面哪个说法不对？
a. 老王认为小明小时候不笨
b. 老王认为小明进名校不只是因为篮球打得好
c. 老李认为他的孩子只要学习好，一定也能念名校

对话三

A. 哎，你怎么能打孩子呢？别打别打！有话跟她好好说嘛！

B. 不打不成器嘛！你看看，小丽她这次考试竟然只给我考了二十分。把我给气死了！

A. 别生气，别生气，二十分就二十分，你别那么重视考试嘛！

B. 当然要重视考试了，现在竞争这么激烈，考试考不好，以后怎么上名校？

A. 上不了名校有什么大不了的，我只要我们孩子高高兴兴地生活。

B. 小丽都是让你给娇惯坏了！你看看她，一点都不知道用功。我每个月花那么多钱给她请家教，给她补习，她竟然只考了二十分，气死我了！

A. 唉，周末哪个孩子不想轻松一下，好好玩一玩，你却逼小丽去补习，她能用功吗？我看啊，你花的钱一点用都没有。

B. 那你说我们怎么办？她那么笨，在学校学不好，不请家教怎么能行？

A. 谁说我们小丽笨，她还小，总想玩，讨厌学习，等她大一点，知道学了，考试一定能考好。

B. 你就会娇惯她，现在不让她吃苦，长大以后，她上不了好大学，找不到好工作，她这一生会有吃不完的苦。

A. 谁说上不了好大学就找不到好工作？人家比尔.盖茨大学也没毕业呀？

B. 有几个人能像比尔.盖茨？

A. 我的意思是教育孩子得讲究方法，你这样逼她、打她，她会更讨厌学习，也会越来越孤僻，到时候她不爱说话，一个朋友也没有，你会高兴吗？

B. 那你说我该怎么教育？

A. 我们应该看一些培养孩子方面的书，也得跟别的父母交流交流。

B. 好吧，我听你的。

对话三 老师讲解

生：这个对话一开始小丽的妈妈在打她，爸爸说"有话好好说嘛"，这"有话好好说嘛"是什么意思？
师：要是有人跟你生气，想打你，你可以说"有话好好说嘛"，意思是别生气，别打人，坐下来，好好谈谈。
生：那妈妈为什么打小丽呢？
师：因为小李考试考得不好，妈妈相信"不打不成器"。
生："不打不成器"是什么意思？
师："成器"就是成为一个有用的人，变得很成功。"不打不成器"意思是小孩子不听大人的话，或者做了不好的事就得打他，要是不打，他长大以后就不会成功。
生：小丽的妈妈打她，是想让她知道要好好学习，考试考好了，以后才能成功。
师：对，小丽的妈妈非常重视她的考试，重视她的成绩。

生："重视"是什么意思？
师："重视"就是看得很重要。"我很重视工作"，意思是我觉得工作很重要，我总是想把它做好。
生：我不重视学习，就是我觉得学习好不好不重要。
师：对，小丽的妈妈很重视学习，给小丽请了家教。
生：家教？什么意思？
师：家教，就是家庭教师，就是除了在学校学习，你的父母还给你请了一个老师到你家里来教你。
生：我懂了，我需要请一个数学家教，我的数学不好。
师：是吗？让你妈妈也给你请个家教吧。小丽的妈妈就给小丽请家教帮她补习功课。
生："补习"，"补习"是什么意思？
师："补习"就是在学校学得不好，下课以后再多花一些时间学习，多做一些功课，这样可以学得更好一些。补习可以请家教教你，也可以到一个补习班去上课。
生：那这么说来，如果请家教补习，从学校回来以后，甚至连周末，都得学习，不能好好休息喽？
师：是啊，小丽当然不想跟家教补习功课，可是她妈妈逼她去。
生：你说她妈妈逼她去，"逼"是什么意思？
师："逼"就是让一个人去做他不愿意做的事。比方说，我先生不想陪我买东西，我就逼他去。他不去我就生气。
生：哈哈，你可真不是个好太太。
师：在中国，要是已经有了一个孩子，再怀孕的话，中国政府会逼她堕胎。
生：哦，那小丽的爸爸妈妈逼小丽跟家教学习，小丽一定很不高兴吧？
师：是小丽的妈妈逼她，她的爸爸不逼她，所以妈妈觉得爸爸在娇惯小丽。
生："娇惯"是什么意思？
师：孩子要什么就给什么，想做什么就让他做什么，这就是娇惯孩子。这样下去，孩子就被惯坏了。
生：对，孩子要是被惯坏了，他就自私，顽皮，不用功学习，让父母很伤脑筋。
师：对呀，所以小丽的妈妈不要娇惯孩子，要让小丽多吃一些苦。
生："吃一些苦"，什么是"吃一些苦"？
师："吃苦"就是碰到困难，经过很多难过的时候，做很多努力。比方说，我的父母小时候总是没饭吃，没有衣服穿，吃了很多苦。
生：中国的孩子为了上大学得吃很多苦，每天都学习，连周末都不能休息。
师：现在上大学，找工作等等都得竞争，要竞争，就得吃苦。
生："竞争"是什么意思？
师：要是一个公司只需要两个新人，有100个人都要进这家公司工作，那这100个人就得比一比，谁最好，公司就会要谁。
生：我懂了，得到一个好工作得竞争，进一个好大学得竞争，拿到一个奖学金也得竞争。
师：是啊，现在社会哪里都是竞争，中国学生考大学的竞争非常激烈。
生：你刚才说"竞争非常激烈"，"激烈"是什么意思？
师：我们常常说竞争很激烈，意思是有很多人来竞争，而且大家的竞争力都很强。
生：哦，中国学生考大学的竞争很激烈，意思是中国学生都很努力，竞争力很强，要是一个学生不努力，他就很难考上大学。
师：对，因为考试的竞争很激烈，所以妈妈让小丽周末的时候跟家教补习，可是小丽讨厌跟家教补习。
生：讨厌跟家教补习？"讨厌"是什么意思？
师："讨厌"就是不喜欢。比方说我讨厌冬天，因为太冷了，不能出去玩。
生：我不讨厌冬天，因为我喜欢下雪。说真的，小丽是个小孩子，讨厌在周末的时候补习功课，这一点都不奇怪。
师：是啊，小孩子哪个不想周末的时候好好轻松一下。
生："轻松一下？""轻松"是什么意思？
师："轻松"就是不紧张，要是你为了考试忙了一个星期，很紧张，现在考试完了，可以说考完试以后你很轻松。或者你说你想去轻松轻松，看看电影，或者看看朋友，打打球等等。
生：我懂了，我紧张的时候常常听轻松的音乐，这样很快我就不紧张了。
师：对，太紧张对身体不好，小丽的爸爸说如果总是逼小丽学习，会让她越来越紧张，越来越讨厌学习，小丽会变成一个孤僻的孩子。
生：孤僻的孩子？孤僻是什么意思？
师："孤僻"是说一个人不喜欢跟别人打交道，总是很沉默，不跟人交流。
生：我知道那些经历过家庭不幸的孩子，常常很孤僻。
师：是啊，孤儿比较容易孤僻，不喜欢跟人交朋友。

对话三 问题

1. 对话开始，小丽在哭，因为：
a. 她考试考得不好，她妈妈打她
b. 她不要跟家教学习，她妈妈打她
c. 她没考上大学，她妈妈打她

2. 小丽考试只考了二十分，她爸爸认为：
a. 小丽长大以后会有吃不完的苦
b. 竞争太激烈，得给小丽请个家教
c. 孩子还小，考多少都没关系

3. 关于小丽的爸爸妈妈，下面哪个不对？
a. 小丽爸爸妈妈都不希望小丽变得孤僻
b. 小丽的妈妈更重视小丽的考试结果
c. 小丽的妈妈比爸爸更讲究培养孩子的方法

4. 关于小丽，下面哪个不对？
a. 小丽讨厌学习，讨厌妈妈逼她补习
b. 她现在没有朋友，很孤僻
c. 她父母对怎么培养孩子有不同的看法

5. 根据对话，下面哪个不对？
a. 小丽的爸爸不觉得小丽笨
b. 妈妈希望小丽和比尔盖茨一样，别上大学
c. 小丽周末也得跟家教学习，不能玩

第四课 中国的民间组织与民间活动

对话一

A.（男）我今天看到报纸说，河南一个农村很多村民都得了艾滋病。

B. 艾滋病？真的，听说得了艾滋病会死的。

A. 是啊，现在艾滋病在世界上是一个很严重的问题。

B. 一般在色情行业工作的人容易感染艾滋病，难道这个村也有色情行业？

A. 看来你对艾滋病还不太了解，艾滋病不一定跟色情行业有关系。这里的村民都是因为卖血而感染上了艾滋病。

B. 卖血？卖血干什么？卖给谁呀？

A. 医院里很多病人都需要血，捐的血不够用，医院就得买血。这些村民生活很贫穷，也没有什么别的能力赚钱，只好卖血给医院。

B. 农民生活这么贫穷啊，那卖血怎么感染上艾滋病了呢？

A. 你不知道，农村的卫生条件不好，卫生观念也很差，卖血用的东西都不干净，而且一个人用了，常常另一个再用。所以，如果有一个人得了艾滋病，别的卖血的人也就感染上了。

B. 那，医院里用了这些血的病人，也会感染上艾滋病啊。

A. 可不是嘛，政府现在很重视这个问题，正在想办法帮助这些村民。

B. 我认为领导应该帮助村民发展经济，生活富裕了，他们就不会再卖血了。

A. 发展经济显然很重要，但现在政府必须马上帮助村民了解艾滋病，这些村民以为艾滋病一定跟色情行业有关，他们不知道卖血的时候也会感染上艾滋病。

B. 嗯，你说得对。

1. 说话人在讨论什么？

a. 河南一个农村村民为什么很贫穷
b. 河南一个农村的村民为什么要卖血
c. 河南一个农村的村民感染艾滋病的问题

2. 对话里说到的村民为什么感染上了艾滋病？
a. 村民有人做色情方面的工作
b. 村民有人在医院工作，感染上了艾滋病
c. 村民在卖血的时候卫生条件不好

3. 根据对话，在下面哪个情况下，你感染艾滋病可能性最大？
a. 你用了艾滋病人捐的血
b. 你给一家医院捐血
c. 你在一家医院里工作

4. 根据对话，下面哪个不对？
a. 农村的卫生观念不好
b. 政府领导逼村民卖血
c. 村民不知道卖血也能感染艾滋病

5. 根据对话，两个说话人都同意,现在政府最应该做的是：
a. 重视农村色情行业的问题
b. 帮助村民了解艾滋病
c. 帮助村民发展经济

对话二

（咳嗽声）

A.（男）小华，你咳嗽这么厉害，怎么不去看大夫呢？

B. 不用看大夫，我奶奶说，只要穿着红色的衣服睡觉，病很快就好了。

A. 什么跟什么嘛！穿红衣服能治病，这也太迷信了吧。

B. 可是...

A. 别可是了，快去看大夫吧。你奶奶他们老一辈人，年纪大了，有很多迷信观念，你也这样想，就太落后了。

B. 我知道我奶奶有很多老观念，很落后，很迷信，我们一起出去旅游的时候，她不愿意住四楼，说是"四楼"听起来像是"死楼"，要避免住四楼。我不愿意去看大夫其实是因为我害怕。

A. 你害怕什么呀？我看你很勇敢啊。

B. 你不知道，我看见血就害怕。一看见血就不想吃饭，不敢睡觉。

A. 这么严重啊？那你去看中医呀，中医跟西医很不一样，你不会看到血的。

B. 真的？

A. 真的，相信我，你不会看到血的，何况你只是咳嗽，只要吃一些中药就行了。

B. 那你认识不认识有经验的中医？

A. 我家附近的医院有一个很有名的中医，我奶奶常常找他看病，要不要我明天陪你去？

B. 那太好了，谢谢你啊，小文。

A. 不用谢，小华，我们俩还客气什么。

1. 根据课文，下面哪个不是迷信？
a. 穿红衣服可以治病
b. 看见血不想吃饭
c. 住在四楼容易死

2. 小华咳嗽得很厉害，可是她不想去看大夫，因为：
a. 她太迷信，真的相信穿红衣服可以治病
b. 她的观念太落后，不相信大夫
c. 她害怕去医院，害怕看到血

3. 小文让小华去看中医，因为：
a. 中医比西医迷信
b. 看中医一般不会看到血
c. 西医不能治小华这种病

4. 根据对话，下面哪个不对？
a. 小华不相信中医
b. 小华没有奶奶那样迷信
c. 小华的奶奶认为应该避免住四楼

5. 根据对话，小文明天可能做什么？
a. 陪小华买中药
b. 陪小华看中医
c. 陪小华看她奶奶

对话三

A. 老李，你是台湾人，你对台湾最近的总统选举你有什么看法？

B. 谁当总统都一样，我根本不关心，这个问题啊，中国的国家主席可能更关心。

A. 哈哈，那台湾独立你也不关心？

B. 台湾独立的问题，我当然关心啊！但是现在我更关心政府的环境保护政策。

A. 哦？说给我听听，为什么政府的环境保护政策很重要？

B. 你想啊，老王，台湾不比你们大陆，台湾这么小，如果没有树，没有水，缺乏一个干净的环境，大家怎么生活呢？

A. 是啊，环境保护对台湾很重要。但我认为保护环境得靠老百姓。政府能做什么呢？

B. 我不同意你老王的看法。保护环境显然是每一个人的责任，但不管是个人活动还是组织民间活动来保护环境，都需要政府的支持才行。

A. 政府怎么支持呢？

B. 如果老百姓发现哪个工厂对环境不好，他们得通过政府来限制这个工厂的发展。

A. 对，这种问题，只能通过政府解决，民间组织没有权利。

B. 还有啊，我认为，如果老百姓组织环境保护活动，政府可以给他们一些经济上的帮助，这样才能鼓励更多的人来保护环境。

A. 唉，哪个政府都只重视经济发展，不管环境问题，让政府拿出来钱来解决环境问题，难啊。

B. 是啊，但民间环境保护活动离不开政府的支持，也就是说，如果政府不支持，不会有很多人参加的。

A. 那，老李，在你看来，台湾目前的政府支持环境保护吗？

B. 和以前比起来，现在政府的支持多了一些。你知道吗，以前，政府根本不允许民间组织活动保护环境。

A. 是吗？这和大陆以前的情况差不多。，以前个人做什么都可以，但你想组织大家一起做，政府是不会允许的。

B. 社会每天都在进步，政府也在进步。希望我们的环境问题也很快可以改善。

对话三 老师讲解

生：这个对话一开始，老王问老李对台湾的总统选举有什么看法，这"总统选举"是什么意思？

师："总统"就是一个国家的最高领导人，美国叫总统，中国叫主席。

生：哦，我知道了，美国的第一个总统是乔治.华盛顿。中国的第一个主席，是毛泽东，你们叫他毛主席。那"选举"呢？

师：谁来当总统，得让大家决定，大家怎么决定呢？大家来选举，选一个人当总统。

生：也就是说可能有好几个人都想当总统，他们互相竞争，让大家从他们这几个人中选一个人来当总统。

师：是啊，对话中说，台湾正在进行总统选举，但老李不关心谁当总统。

生：老李怎么不关心总统选举呢？谁当总统对台湾独立有很大的影响啊。

师：老李不关心总统选举，可他关心台湾独立，但他更关心台湾的环境保护政策。

生：环境保护政策？"环境"的意思我知道，我们生活在各种各样的环境中，干净的水和空气，很多树和草等等，这些都是自然环境。

师：对，你还可以说社会环境，学习环境。比方说，你的学校附近很安静，学校的管理也很好，学生都很努力，你可以说你们学校的学习环境很好。

生：那"保护"是什么意思呢？

师：小鸟会保护它的蛋和孩子，不让别的鸟或者动物靠近它们。如果晚上我和男朋友在外面走，我并会不害怕，因为我的男朋友很高大，他会保护我。

生：噢，我懂了，"环境保护"意思就是大家要爱这个环境，不让任何东西弄脏我们住的地方，也不能把水和空气弄脏了。我听说，多种一些树和草可以保护环境，让空气更干净。

师：对，环境保护，我们也说环保。老王认为保护环境是每一个人的责任。台湾有很多民间组织，组织老百姓保护环境。

生：民间组织，什么是民间组织？

师：民间的，意思就是不是政府的，是老百姓自己发展，自己组织的。

生：哦，民间环境保护组织，就是老百姓自己发展的组织，谁重视环境保护，谁就可以加入这个组织，一起保护环境。

师：对，不过老李认为民间环保组织也需要政府的支持才能发展得更好。
生：政府的支持？支持是什么？
师："支持"就是同意而且也帮助。比方说我父母支持我大学毕业以后学法律，意思就是他们不但同意我大学毕业后学法律，而且也在精神上鼓励我，在物质上帮助我，给我钱等等。
生：所以，民间环保组织需要政府的支持，意思是这些民间组织需要政府在经济上、在政策上等等帮助他们。
师：对，因为老李说如果有一个工厂对环境不好，一个民间组织没有权利限制这个工厂的发展，只有政府可以限制。
生：限制？"限制"是什么意思？
师："限制"就是不让一个人或者一个组织想怎么做就怎么做，对他们有一些要求。比方说，父母一定会限制孩子看电视的时间，意思就是孩子不能想什么时候看电视就什么时候看电视，父母限制他们在一定的时间看电视。
生：对，我同意，如果不限制孩子看电视的时间，他们可能什么时候都在看电视。
师：所以，父母对孩子看电视的时间要有限制，这样对孩子好。
生：那，政府对工厂的发展也要有限制，这样对环境好。
师：对，只有政府和民间组织一起来保护环境，才能解决环境问题。
生：解决环境问题，"解决"是什么意思？
师：你做一件事的时候，开始有问题，有困难，后来因为你的努力，这些问题和困难都没有了，你可以说这些问题和困难被解决了。
生：如果一个城市的空气很脏，经过一年的努力，现在不脏了，可以说这个空气问题被解决了。
师：对，环境问题是一个大问题，解决环境问题离不开政府的支持。
生：那台湾政府对环境保护够不够支持？
师：老李说现在比以前更支持了，政府也允许民间组织进行环境保护的活动了。
生：政府允许民间组织进行环保活动，"允许"是什么意思？
师："允许"就是答应，同意。你用别人的东西，要先得到允许。孩子做很多事情，要得到父母的允许，如果父母不允许他做，他就不能做。
生：那你刚才说政府允许民间组织进行环保活动，难道以前政府不允许民间组织保护环境吗？
师：以前是不允许，现在允许了，所以环境问题会慢慢改善。
生：慢慢改善？改善是什么意思？
师："改善"就是变得更好，问题更小。比方说，你可以改善你的学习方法，意思是你用更好的方法学习，这样学得更快。
生：那改善环境，就是让环境更干净，更好？对不对？
师：对，还可以说改善关系，中国和美国以前外交关系不好，现在两国关系得到了很大的改善。

对话三 问题

1. 下面哪个问题，女说话人老李最不关心？
a. 台湾什么时候独立
b. 台湾的总统选举
c. 台湾的环境保护问题

2. 下面哪一项最有可能是老李关心的"环境保护"工作？
a. 组织民间活动
b. 多种树
c. 给工厂提供更多的水

3. 关于男说话人老王和女说话人老李，下面哪个是对的？
a. 老李比老王更支持台湾独立问题
b. 老李比老王更了解政府对环境保护的重要性
c. 老王和小李都认为台湾独立比环境保护更重要

4. 关于台湾的环境保护，下面哪个不是老李的看法？
a. 环境保护是政府的责任，不是个人的责任
b. 政府必须支持环境保护
c. 有些环境问题民间组织解决不了

5. 根据对话，下面哪个不对？
a. 现在的政府花很多钱，鼓励民间组织保护环境
b. 台湾政府对民间的环境保护活动比以前更支持
c. 民间组织没有权利限制一个工厂的发展

第五课 秘密

对话一

A（女）:小张，听说你妈最近下岗不工作了？

B: 不是我妈，是我妻子她妈，我岳母。

A: 噢，是你太太的母亲啊。

B: 对，她都已经50多岁了，现在不工作，算是退休，不算是下岗。要说下岗嘛，我哥哥有几个三十多岁的同事，因为单位的一次大改革没了工作，他们才算是下岗。

A: 那你哥哥没受影响吧。
B: 他还好，在单位留了下来。要不，做到三四十岁，工作突然就丢了，再找很难啊！
A: 是啊。现在企业竞争很激烈，很多国家单位不得不改革，让一部分职工下岗。你岳母能在单位里顺利做到退休也真是不容易。

B: 是啊。

A: 那她退休后做些什么呢？

B: 她喜欢织毛衣。退休三个月以来，她已经织了七八件毛衣了。

A: 又不是卖毛衣赚钱，织那么多毛衣，给谁穿啊？

B: 有的给我岳父穿，有的给她孙子、孙女穿。有时候也把织好的毛衣当生日礼物送给朋友。

A: 每天都在家里头织毛衣，多无聊啊。

B: 不，她不在家里织，家里没有人说话，太闷。她喜欢到公园里织，公园里人多、热闹。她喜欢在公园一边织毛衣，一边看别人打太极拳。

1. 下面哪个是对话里讨论到的话题？
 a. 小张岳母的退休生活
 b. 小张妻子的下岗生活
 c. 小张的哥哥为什么丢了工作

2. 根据对话，关于下岗和退休，下面哪个不对？
a. 很多国家单位因为改革，让许多人下岗
b. 公司有大改革的时候，很多职工就得退休
c. 退休是因为年龄，下岗是因为改革，因为干得不好

3. 岳母织那么多毛衣做什么？
a. 送给打太极拳的老头老太太
b. 做礼物送给家人和朋友
c. 让孙子、孙女赚钱

4. 岳母喜欢在公园里，不喜欢在家里织毛衣，因为：
a. 家里太热闹了
b. 在公园可以卖毛衣赚钱
c. 公园里没有家里那么闷

5. 根据对话，下面哪个不对？
a. 岳母的先生去世了
b. 岳母喜欢在公园看人打太极拳
c. 小张的哥哥有几个同事下岗了

对话二

A: 你说的逃犯是坐着的那个，还是站着的那个？

B: 坐着的那个，我不是告诉过你吗，是个秃顶的瘦老头。你看坐着的没有头发，站着的头发还多着呢。

A: 但你说是个高个，我看坐着的那个秃顶的老头不太高啊？

B: 他坐着你怎么看得出来他个子有多高？等一会他站起来你就知道了。

A: 这个逃犯可真厉害，杀了人竟然还敢在公园里玩，也不担心我们警察抓到他。

B: 可不是嘛，犯这么大的罪，还坐在公园里轻松，抓到他以后一定要好好处罚他。

A: 看，他站起来了，嗯，果然是个高个儿。不过他不瘦啊，你看肚子那么大。他好像要走过来了，我们快躲起来，不要让他看到我们。

B: 躲哪儿？

A: 就躲在前面这棵树后面。

B: 等等,他是逃犯,我们是警察,我们干吗躲啊?走,现在就去抓他去。

B: 别急,我们先躲着,等他过来了,我们再突然出来把他抓住。

A: 好,就按照你说的做。这次他一定跑不了。

1. 这个对话的两个说话人在干什么?
a. 在讨论一部关于警察的电影
b. 在公园里享受一个轻松的下午
c. 在抓一个逃犯

2. 根据对话,这个逃犯长什么样子?
a. 秃顶,肚子很大
b. 个子不高,年纪很大
c. 头发很多,很瘦

3. 这个逃犯犯了什么罪?
a. 他以前杀了一个人
b. 他打了警察
c. 他在公园里打别人

4. 根据对话,下面哪个是对的?
a. 说话的两个人一个站着一个坐着
b. 说话的两个人附近有一棵树
c. 逃犯看见了两个说话人

5. 说话人说完话以后打算做什么? b
a. 马上去抓逃犯
b. 先躲起来,等逃犯走过来
c. 去处罚逃犯

对话三

A: 妹妹，你怎么一个人坐在这里发呆啊？哦，还皱着眉头，有什么心事啊？

B: 哎…

A: 别叹气，告诉哥哥发生什么事了？我绝对能帮你解决。

B: 你记得我们办公室的那个老张吧？

A: 就是那个秃顶老张，他怎么了？

B: 他最近总对我说些不三不四的话。

A: 哦，他说了些什么？

B: 他说我穿的衣服不够时髦，少穿一些，看起来会更性感。

A: 什么？这老东西！简直不想活了？

B: 每天我们主管一走，他就迫不及待地跑来跟我说话。问我晚上一个人睡害不害怕？要不要人陪？

A: 太过分了，这个老色鬼，你可要小心，不能马虎啊。现在他只是对你说些不三不四的话，以后很可能就对你动手动脚什么的。

B: 是啊，刚开始，我以为没什么，是自己胡思乱想。可是他越来越过分，现在我一看到他就害怕。

A: 你不能再忍受下去了，你警告他，要是他再说一些不三不四的话，你老哥我就去教训他。

B: 我不敢，我看还是先告诉我们主管，我估计，主管知道以后会保护我，帮我解决这个问题。

A: 你们主管是男的还是女的？多大年纪？

B: 男的，四十岁左右，刚娶了一个大学教授。

A: 你估计他会支持你吗？

B: 他一向比较严格，也很传统，很有责任心，我想他会支持我的。

A：那好吧，你明天就告诉主管，看来老张这个老色鬼得再找工作了。

B：他这样生活作风有问题的人，在哪儿工作几天就得走人。

对话三 老师讲解

生：这个对话一开始，哥哥问妹妹有什么心事，什么是"心事"？
师："心事"常常是一个人心里一直在想的一件事，可能是心里的担心，不知道怎么解决的事。
生：噢，女孩子的心事常常比男孩子多。
师：是啊，对话中的这个妹妹就坐在那儿发呆想心事。
生：发呆？发呆是什么意思？
师：一个人发呆，他的眼睛长时间地看着一个地方，身体也不动。不注意旁边别的人，别的事情。
生：我懂了，上数学课的时候，我总是发呆，想别的事。
师：学生上课发呆可能是因为他太累了，也可能是老师讲的太没有意思，学生听不进去。
生：是啊，那这个妹妹坐在那儿发呆，是不是真的有心事？
师：对呀，有一件事让她很头疼，所以她皱着眉头发呆。
生：皱着眉头是什么意思？
师：我们的眼睛上面是眉毛。一个人皱眉头，他可能生气，担心，或者不舒服。
生：学生都讨厌考试，一听到老师说要考试，学生就皱起眉头了。
师：对，这个妹妹在皱着眉头发呆，哥哥问她是不是有心事，她就叹气。
生：叹气？什么是叹气？
师：我今天考试考得不好，你问我考得怎么样？我会先"咳"，这就是叹气。
生：哦，一个人叹气，就是说他不高兴，不满意，可是又没有办法。
师：对，比方说一个爸爸觉得自己的儿子没考上大学，不成器，每次别人说起他的儿子，他可能就"咳"……
生：他就叹气。那这个妹妹有什么不高兴的事？
师：他说他办公室的老张是个色鬼。
生：色鬼？我知道在中国人的观念里，人死了就变成鬼了。那"色鬼"是什么意思？
师：中国人喜欢用"鬼"来称呼一些奇怪的或者不喜欢的人。比方说一个人总是喝酒，我们叫他酒鬼，一个人总是吸烟，你可以说他是个烟鬼。
生：是这样啊，那色鬼呢？
师：有些男人见了漂亮女孩子就走不动了，总想着跟漂亮女孩说话，睡觉，这样的男人，我们叫他色鬼，也可以说这个人很色。
生：哦，那妹妹为什么说老张是个色鬼呢？
师：因为老张总是对这个妹妹说一些不三不四的话，让妹妹很不舒服。
生：不三不四的话？什么是不三不四？

师：不三不四就是什么都不是，不合适。
生：那不三不四的话，就是不应该说的话，或者说得很不合适的话。
师：对，有时候我们也说不三不四的人。比方说，妈妈不让我跟那些不三不四的学生交朋友。这些人可能不是好学生，他们可能喝酒，吸毒什么的。
生：那老张这个色鬼对妹妹说了什么不三不四的话？
师：他说这个妹妹穿的衣服不时髦，应该穿得再性感一点。
生：性感我知道，时髦是什么意思？
师：时髦的东西就是比较新的，现在正流行的东西。一个人穿得很时髦，意思就是他穿的衣服都是最新的样子，最流行的颜色等等。
生：那能不能说一件事情很时髦？比方说现在很多美国人都想学汉语，可不可以说现在在美国学汉语很时髦？
师：可以呀，以前中国人过春节都在家里包饺子吃，现在春节的时候全家去饭馆吃饭很时髦。
生：哦，我懂了。老张和这个妹妹是男女同事关系，男同事说女同事衣服不够时髦，不够性感就太不合适了。
师：可不是嘛。而且，妹妹说，每次她们的主管一走，老张就迫不及待地跑过来跟她说话。
生：你刚才说老张"迫不及待地跑过来跟妹妹说话"，这迫不及待是什么意思？
师："迫"也就是"急迫"，和"急"的意思差不多。"待"就是"等"。"迫不及待"意思是一个人非常想做一件事，一分钟都不能再等了。
生：哦，我每次下课以后都迫不及待地走出教室到食堂吃饭。
师：对，你太饿了，不能再等了。我已经三年没有见我父母了，我打算明年回老家看他们，现在我真是迫不及待。
生：那老张总是迫不及待地跑过去对这个妹妹说一些不三不四的话，这一定让妹妹非常不舒服。
师：是啊，她开始觉得没什么，是自己胡思乱想。但现在她很担心。
生：胡思乱想，胡思乱想是什么意思？
师："思"和"想"是一样的意思，"胡思乱想"，就是想一些不可能是真的事，或者不可能发生的事。
生：要是先生晚上8点应该就回到家，可是晚上12点他还没回来，他太太可能就会胡思乱想。
师：对，他太太可能会想他是不是跟别的女人在一起，是不是出车祸了等等。
生：那这个妹妹现在知道自己不是胡思乱想，老张真的对他说了一些不三不四的话。
师：对，所以哥哥让妹妹小心一些，不能太马虎了，要不然，以后老张可能会对她动手动脚。
生：你刚才说妹妹不能太马虎了，这"马虎"是什么意思？
师："马虎"就是不小心、不认真；想事情、做事情都比较随便。如果我们说一个学生功课做得马虎，意思就是这个学生做功课不认真，出了很多错。
生：我懂了，我这个人比较马虎，常常忘了做功课，几乎每天都要找我的宿舍钥匙。那哥哥说妹妹不能再马虎了，他让妹妹怎么办呢？
师：他要妹妹先警告一下老张。
生：警告一下老张，"警告"是什么意思？

师：一个人要做一件你认为不好的事，你告诉他不要做，要不然就会发生不好的结果。这就是说你在警告他。医生总是警告病人不要吸烟。
生：哦，你喝了酒以后还要开车，我警告你不要开车，因为这样很容易出车祸。
师：对了。
生：那哥哥让妹妹警告老张什么？
师：他让妹妹警告老张，要是老张再对妹妹说什么不三不四的话，哥哥就去教训老张。
生：教训老张，教训是什么意思？
师：如果你要教训一个人，常常是因为这个人做错了一件事，教训他，也许跟他谈谈，也许打他一顿，让他以后不敢再做这样的错事了。
生：小孩子不听话，父母常常教训他们，可能跟他们谈谈，可能会打他们。
师：是啊，另外，一件事也可以教训一个人，或者给一个人一个教训。比方说，我很骄傲，以为自己的乒乓球打得最好，结果我跟王老师比赛的时候，王老师赢了。
生：那，这次比赛就给了你一个教训，让你以后不能太骄傲了。
师：对，这里哥哥说他要教训老张，他可能要找老张谈谈，或者可能打老张一顿。
生：那妹妹同意哥哥这么做吗？
师：妹妹觉得应该先告诉她的主管，她估计主管会帮她解决这个问题。
生："估计"是什么意思？
师：你新认识一个人，不知道他有多大，你可以根据他的样子，估计他有多大。
生：哦，我看见你新买了一辆车，我不知道你花了多少钱，但是我可以根据一般车的价格来估计你的车大概在两万左右。
师：对，我们常常根据自己以前的经验，估计一件事会不会发生，一件事会怎么发展。
生：那妹妹估计主管会帮她解决这个问题
师：对。妹妹估计主管可能让老张回家别再来上班了。

对话三 问题

1. 妹妹皱着眉头发呆，因为：
a. 她得找工作
b. 她的同事让他伤脑筋
c. 她的主管生活作风有问题

2. 根据对话，下面哪个不是老张说的不三不四的话？
a. 我娶了一位大学教授
b. 你的衣服不够性感啊
c. 要不要我陪你睡觉啊

3. 根据对话，老张第一次说不三不四话的时候，这个妹妹怎么样？
a. 她很害怕，开始避免见老张
b. 她以为是自己胡思乱想，其实没什么
c. 她觉得老张太过分，警告了老张

4. 哥哥说妹妹不能再忍受下去了，意思是：
a. 妹妹不应该胡思乱想
b. 妹妹应该告诉老张不要动手动脚了
c. 妹妹应该保护自己，警告老张

5. 根据对话，下面哪个不对？
a. 老张总是迫不及待想跟这个妹妹说话
b. 主管支持妹妹的可能性应该超过不支持的可能性
c. 哥哥明天要教训老张，会让老张丢工作

第六课 迟来的幸福

对话一

A. 妈,你不要再给我介绍男朋友了。我真没想到,你今天竟然会把一个四十多岁的秃顶老头儿邀请到家里来。气死我了!

B. 我邀请他来吃个饭也是为你好啊!你都已经三十八岁了,不找四十多岁的,我找儿岁的?我总不能把你推销给十八岁的年轻人吧!

A. 什么?你在推销我?我又不是商店里卖的东西,你干吗推销我,干吗急着把我卖出去吗?

B. 不是要卖你。我只是希望你找个伴儿结婚,有一个幸福的家庭,别总是一个人生活。

A. 我一个人有什么不好,为什么一定得有个伴儿?根据我的观察,我的那些结了婚的朋友,婚姻一点也不幸福,最近还有几个都离婚了。

B. 你这么说也太绝对了吧,不幸福的只是少数,大多数婚姻还是很幸福的。你看我和你爸在一起不是很幸福吗?

A. 反正你别为我的事伤脑筋了,我要嫁人,我自己会找男朋友的。

B. 哪儿有你这么找男朋友的,这个不行,那个也不行,你到底要找什么样的人?

A. 到时候你就知道了,反正我宁可一个人生活,也不要跟不喜欢的人结婚。

B. 这样下去,你年纪越来越大,就越来越不容易找了。

A. 好了好了,你就别管我的事了,你好好享受你的退休生活吧。

1. 对话中,女儿说"气死我了",因为:
a. 她妈妈把她卖给了一个秃顶老头
b. 她和秃顶男朋友生气了
c. 她妈妈把她介绍给一个秃顶老头

2. 女儿现在还没有结婚，因为：
a. 她觉得自己结婚后一定会离婚
b. 她还一直没有找到喜欢的人
c. 没有人给她介绍男朋友

3. 关于妈妈，下面哪个不对？
a. 她现在有一个幸福的婚姻
b. 她希望女儿早点有个伴儿
c. 她现在有一份很好的工作

4. 妈妈邀请一个老头来家里介绍给女儿，因为：
a. 女儿年纪不小了
b. 这个老头非常会推销东西
c. 女儿不在乎男朋友的年纪

5. 根据对话，下面哪个不对？
a. 女儿埋怨妈妈管她结婚的事
b. 女儿不喜欢男人，让妈妈很着急
c. 女儿宁可一个人，也不要和不合适的人结婚

对话二

A. 唉，你看这个小男孩怎么样？看样子很活泼，很可爱啊。

B. 嗯，他眼睛似乎有毛病啊，怎么一个大，一个小？

A. 嗯，是有点儿，不过，不仔细看也看不出来。可能他父母就是因为这个小毛病才不要他，把他抛弃了。

B. 那我们还是再找一个吧，这眼睛有毛病，以后长大了很难找女朋友。

A. 那你看那边那个小男孩，一个人安安静静地玩，很听话啊。

B. 我们去看看。小朋友，你好？嗯？怎么不说话呀？有点傻啊？

A. 可能他害怕陌生人。

B. 有可能，可是我估计他智商有问题，笨笨的，是个傻孩子。

A. 怎么会呢？你就喜欢胡思乱想。

B. 我们得小心，我不想自己怀孕生孩子，就是因为年龄大，不想冒险，怕孩子生出来有什么毛病，现在我们决定领养，一定要认真看，找个正常，没问题的。

A. 你想，这孤儿院里的孩子，多半儿都是被父母抛弃的，多多少少都有些毛病。

B. 那我们只观察女孩子，你知道，中国人重男轻女，有的孩子没什么毛病，只是因为是个女的就被抛弃了。

A. 那不行，不管怎么样，我们都得领养个男孩子，我父母还等着抱孙子呢。

B. 什么？原来你也重男轻女呀。

A. 我也没办法，我宁可领养一个眼睛有毛病的男孩，也不要领养一个身体正常的女孩。

B. 你太过分了。

1.这个对话最可能发生在哪儿？
a. 医院
b. 学校
c. 孤儿院

2.说话人为什么要领养孩子？
a. 他们很无私，想帮助被抛弃的孩子
b. 女的年龄太大，担心自己生的孩子有毛病
c. 他们重男轻女，想领养一个男孩子

3.关于他们看的第一个孩子，下面哪个不对？
a. 他的眼睛有小毛病
b. 他很笨，智商有问题
c. 他看起来活泼可爱

4.根据对话，下面哪个不对？
a. 男说话人认为，只要是男孩，有毛病没关系
b. 女说话人认为，只要没毛病，男孩女孩没关系
c. 那里的孩子都有毛病

5.从这个对话里，我们可以知道：
a. 很多没有毛病的女孩子，也被父母抛弃了
b. 说话的两个人没有重男轻女的观念
c. 女说话人怀孕了，她的父母很快可以抱孙子。

对话三

A. 嗯，阿华，发什么呆呢？今天聚会玩得不高兴吗？怎么回来以后就不说话？
B. 今天晚上在聚会上我碰见以前的男朋友了。
A. 哦，又胡思乱想了？你们分手好几年了，怎么还记着他啊？他也象你一样还单身吗？
B. 他已经结婚半年了。看样子，他太太好像怀孕了。
A. 哦，他太太也参加聚会了？
B. 是啊，他们俩看起来好像很有默契，一脸幸福的样子。
A. 怎么？你羡慕了？
B. （叹气）我也不知道，反正心里不舒服。
A. 看来，你仍然爱人家。后悔跟人家分手了吧？
B. 事情已经发生了，后悔有什么用。
A. 也就是说，你真的后悔了？
B. 哎，其实我也不知道怎么搞的，就分手了。他突然向我求婚，我根本没有准备，只告诉他让我冷静想想。
A. 你想了以后呢？你愿意嫁给他吗？
B. 我那时虽然不是百分之百愿意，但还是喜欢他的。可是他后来一直没有再来找我。
A. 那你应该找他呀？人家以为你不愿意嫁给他呢。
B. 我想，要是他真正爱我，他会来找我，会再争取，他不来，就是说他并不是真正爱我。
A. 哎呀，你们俩都太骄傲了。你真心爱他，就应该告诉他嘛，你看现在，后悔都来不及了吧，人家已经结婚了，你还单身，一个人多孤单。
B. 谁说我孤单，我有很多朋友，我每个星期都参加聚会，看电影，我的生活很丰富的。
A. 可是，说实话，阿华，你真的幸福吗？
B. 我，我也不知道。

对话三 老师讲解

生：这个对话是阿华和她的哥哥之间的对话，是吧？
师：可能，也可能是阿华和她的爸爸，反正不是和她的男朋友或者先生，因为她现在还单身。
生：单身就是没结婚，一个人生活，对吧？
师：对，阿华是单身，这个对话发生的晚上，她去参加了一个朋友聚会。
生：朋友聚会？什么是聚会？
师：聚会常常是一些朋友，家人，或者公司里的人等等来到一起，吃吃东西，聊聊天。
生：哦，我知道了，我们的大学同学每年都要聚会。我跟我的女朋友就是在同学聚会上认识的。

师：是啊，在聚会上，一定会碰到老朋友，也一定会认识新朋友。阿华这次聚会就碰到了她的前男朋友。她的前男朋友和太太看起来很有默契。

生：很有默契？默契是什么？

师：如果两个人互相非常了解，对一件事，不用问就知道另一个人怎么想，怎么做。可以说他们之间有默契。

生：比方说我跟现在的老板一起做生意很多年了，在工作中，我们不但很少有争议，而且很多事情我不用问他就知道他想要我怎么做。可以说我和老板之间已经很有默契了。

师：对，阿华的前男朋友和太太之间很有默契，比方说，太太想离开聚会，她只要看一下先生，先生就可以从太太的眼睛中知道太太想离开了。

生：哦，有默契的人之间可以用眼睛交流。

师：对，阿华看到前男友和太太之间很有默契，她很羡慕。

生：羡慕？羡慕是什么意思？

师：你的朋友娶了一个漂亮的太太，你很羡慕你的朋友，意思就是你也希望能娶一个漂亮的太太。

生：哦，我懂了，朋友娶漂亮的太太，我不羡慕，我羡慕朋友和太太之间有默契。

师：是啊，阿华看到前男友和太太很有默契，她很羡慕，后悔跟前男友分手了。

生："分手"我知道，就是两个人谈恋爱，可是后来关系出了问题，不谈恋爱了，也就是说他们分手了。如果结了婚的人分手了，那也就是离婚了。不过，这"后悔"是什么意思呢？

师：你做了一件事，后来觉得那件事你不应该做，或者你认为你做的不对，你心里很难过，希望那件事没有发生，就是说你对那件事后悔了。

生：咳，每个人都会干后悔事。后悔选错了专业，后悔小时候没有好好学习。

师：是啊，阿华后悔跟男朋友分手了，可是她心里后悔，嘴上不说她后悔了。

生：那她为什么跟人家分手呢？

师：咳，她也不知道他们俩怎么会分手，其实她前男友向她求婚了。

生：求婚？求婚就是请别人跟自己结婚对吧？

师：对呀，如果一个男的向女的求婚，男的会说"你愿意嫁给我吗？"

生：那如果一个女的向男的求婚，女的会说"你愿意娶我吗？"

师：对，可是阿华前男友向她求婚的时候，阿华没说愿意嫁给她，阿华觉得自己没有准备好，所以告诉前男友自己需要冷静想想。

生：冷静想想，"冷静"是什么意思？

师："冷"就是天气冷的"冷"；"静"就是"安静"的"静"。冷静，就是一个人不很紧张，不很兴奋或难过，能够清楚想一个问题，做出好的决定和选择。

生：哦，也就是说一个人生气的时候，哭的时候，或者有好消息很兴奋的时候，都可能不够冷静。

师：对，阿华的前男友向阿华求婚的时候，阿华觉得太突然，她需要冷静想一想。可是后来阿华的前男友再也没有找阿华。

生：是吗？冷静想了以后，阿华要是同意嫁给前男友，她那时应该找人家。

师：是啊，可是阿华认为要是前男友真正爱阿华，他会再来找阿华。他没有来找阿华，就不是真正爱阿华。

生："真正"意思就是真的，对吧？

师：对，我们常常说真正的朋友，意思就是两个人都很重视这个朋友关系，都能无私地帮助朋友。
生：我听我的朋友说，在美国你吃不到真正的中国菜，都是美国化了的中国菜。
师：对，美国人喜欢吃甜一点的东西，这里的中国菜都加了一点糖，真正的中国菜没有那么甜。
生：那阿华认为前男友没有再来找她，是因为前男友不是真正爱她。
师：是啊，不过对话中的男说话人觉得阿华和她的前男友那时候都太骄傲了，现在阿华后悔也来不及了。
生：后悔也来不及，来不及是什么意思？
师："来不及"就是没有时间做一件事了。比方说我8点钟上课，可是我7点50才起床，我得赶快跑到教室，那我就来不及洗澡，来不及吃早饭。
生：10分钟要洗澡，吃早饭，再跑到教室是来不及。至少得半个小时。
师：对呀，要是起床以后，你有半个小时才去上课，你就来得及吃早饭。
生：哦，来不及就是没有时间做一件事了，来得及就是还有时间。阿华现在后悔那时没有去找前男友，可是后悔都来不及了，因为前男友已经结婚了，而且和太太很有默契。
师：是啊，人家都结婚了，阿华还是单身，一个人很孤单。
生：孤单？什么意思？
师：孤单，就是一个人没有一个伴儿，没有人陪。比方说，以前我爷爷奶奶两个人干什么都在一起，现在我奶奶去世了，爷爷就很孤单。
生：我刚来这里的时候，还不认识什么人，总是一个人运动，一个人去买东西，觉得挺孤单的。
师：是啊，阿华过着单身生活，多多少少会有些孤单。可是她不愿意说自己孤单，她说她有很多朋友，生活很丰富。
生：生活很丰富，丰富是什么意思？有很多钱吗？
师：丰富跟钱一点关系都没有。丰富就是有很多种，不只是一个。比方说，这个商店卖的水果很丰富，意思就是这个商店卖的水果不只是苹果或者桔子，而是有各种各样的水果。
生：那生活很丰富，意思就是生活中有很多不同的事情做，而不是每天都做同样的事情。
师：对了，一个人生活丰富，她可能去工作，工作完了以后去运动，去唱歌，去看电影，去跟朋友聚会等等。
生：一个人生活不丰富，她可能每天都是做工作。
师：对，阿华说她的单身生活很丰富。但男说话人并不觉得阿华幸福。
生：是啊，男说话人问阿华真的觉得幸福吗，阿华说她也不知道。

对话三 问题

1. 阿华今天晚上去做什么了？
a. 去跟以前的男朋友见面了
b. 去参加了一个聚会
c. 去跟她男朋友分手

2. 阿华和前男朋友为什么分手了？
a. 阿华不想嫁给他
b. 前男朋友一直不求婚
c. 他们俩都太骄傲，互相误会了

3. 关于阿华的前男朋友：
a. 他还爱阿华
b. 他还是单身
c. 他看起来很幸福

4. 对前男友的求婚，阿华什么态度？
a. 告诉男友等一等
b. 告诉男友她愿意嫁给他
c. 告诉男友她不愿意嫁给他

5. 关于阿华，下面哪个不对？
a. 阿华有点后悔以前做的事
b. 阿华现在生活很幸福
c. 阿华并不想跟男友分手

第七课 美国梦

对话一

A. 小文，昨天晚上睡得怎么样？你的房间安静吗？

B. 我的房间很安静，我睡得跟在家里一样好，我还做了一个好梦呢，你怎么样？

A. 我的房间离酒吧很近，非常吵，我没睡好。我怕今天的旅游会没精神。嗯，先说说你做了什么好梦吧。

B. 我梦见我被美国大学录取了，他们不但要我，还给我奖学金呢。在梦里，我拿到了去美国的签证，正忙着买飞机票呢。

A. 那可真是个好梦啊！人家说啊，被美国的大学录取难，录取以后要申请留学签证更麻烦。

B. 是吗？我以为申请到美国的留学签证很容易呢！

A. 谁知道。我有个朋友，都已经被美国学校录取了，但就是拿不到签证，去不了美国。不过，你不是挺喜欢你现在念的大学吗？怎么还做梦被美国大学录取呢？

B. 我现在只是中国的大学本科生。我做梦上的是美国的硕士班。

A. 大学毕业后你想读美国的硕士啊。唉，奇怪，管他是中国还是美国的硕士班，你现在才大学三年级，用不着这么早就想上硕士的事啊？

B. 虽然大四才申请上研究生，读硕士，但那时候开始准备就来不及了，大三就得开始准备，有的人大二就开始准备了。

A. 怎么申请研究生的竞争也这么激烈啊？

B. 可不是嘛，申请到美国读研究生的竞争更激烈。不但学习成绩好，英语也得好。

A. 不用担心，你大学的成绩很好，只要托福，GRE成绩不错就行了。明年你一定能被美国大学录取。

B. 希望如此。

A. 好了好了，别想你的梦了，我们得赶快走了，别的人还在等着我们开始今天的旅游呢。

1. 从对话中我们可以知道，小文和他的朋友昨晚在哪儿睡觉？
a. 在一个旅馆里
b. 在小文家
c. 在小文朋友家

2. 昨天晚上，小文和他的朋友睡得怎么样？
a. 小文总是做梦，睡得不好
b. 小文的朋友没睡好
c. 他们俩都睡得很好

3. 说完话，小文要做什么？
a. 准备托福，ＧＲＥ考试
b. 申请去美国的签证
c. 跟朋友去旅游

4. 从对话中我们知道，
a. 小文现在在是硕士研究生
b. 小文现在是大三学生
c. 小文现在是大四学生

5. 根据对话，下面哪个不对？
a. 小文的大学成绩不好，但托福、GRE 成绩很好
b. 小文希望明年被美国大学硕士班录取
c. 申请到美国读硕士的竞争很激烈

对话二

A. 小刘，刚才王主管告诉我你下星期就要离开我们公司了？怎么回事？

B. 哦，我找到了一个新工作。

A. 哦？想换工作？嫌这里赚钱太少吗？

B. 哪里，在这里待得太久了，想换换环境。

A. 那你要去的这家公司是个什么样的公司？

B. 是一家中日合资公司。

A. 中日合资？

B. 就是中国和日本一起出钱做生意的公司啊！
A. 哦，那合资做什么呢？

B. 电脑、照相机什么的。

A. 如果是中日合资，那偶尔你得到日本出差了？

B. 哎，哪里是偶尔，是经常。这不，下个月公司就派我到日本接受半年的培训。

A. 你还需要培训啊？你的经验已经挺丰富了。

B. 哪里哪里，我这点经验还不够，你知道，日本公司的管理经验永远值得我们学习。

A. 你这个新工作得常常出差，常常不在家，那你太太是什么态度？

B. 她还不知道我要换工作，等开始上班了再告诉她。

A. 什么？到现在你还瞒着她啊，你这先生也太过分了吧。

B. 没办法，没办法。小丽，你先别告她啊，让我想想怎么跟她说。

1. 根据对话，女说话人小丽是小刘的：
a. 主管
b. 同事
c. 妻子

2. 小刘为什么要离开现在的公司？
a. 嫌赚钱太少
b. 不喜欢常常出差
c. 想换一个工作环境

3. 关于小刘的新工作，下面哪个不对？
a. 公司在日本，他得到日本上班
b. 公司生产电脑、照相机一类的东西
c. 是一家合资公司

4. 小刘要到日本参加培训，他要学习什么？
a. 电脑知识
b. 照相机知识
c. 管理经验

5. 从对话里，我们可以知道：
a. 小刘的太太不支持先生换工作
b. 小刘不敢瞒着太太换工作
c. 小刘换了新工作后得常常出差

对话三

A. 大为，恭喜你啊，听说你被耶鲁大学录取了？那可是一所名校啊！

B. 咳，别恭喜了，安妮，我现在正为学费头疼呢。你知道，一年几万块钱的学费呢！

A. 哦？你没有申请到奖学金啊？

B. 要是申请到就好了，可惜没有。

A. 那你打算怎么办？放弃吗？

B. 我也不知道，正在考虑呢。

A. 上耶鲁这样的名校一直是你的梦想，既然考上了，就应该去，放弃了太可惜。

B. 我也舍不得放弃。可是你了解我们家的经济情况。我妈妈身体不好，已经退休好几年了，一家人的生活重担都在我爸爸一个人身上。

A. 是啊，你父母很不容易，我知道他们生活很节省，平时买件好衣服都舍不得。

B. 我父母太可怜了，如果我决定去上耶鲁，每年他们得替我付四万多块钱学费，四年就是十六、七万，我觉得我这样做对我父母太残酷了。

A. 我懂，不过，困难是暂时的，你大学很快就毕业了，到时候你就能赚很多钱，帮你父母过上幸福的日子。

B. 没那么容易，就算我大学毕业后能顺利找到工作，赚的钱也只够自己生活，不可能照顾父母。

A. 那不一定，得看你选择什么专业。听说学通讯专业毕业以后能赚很多钱，尤其是网络通讯。

B. 不行，不行，我对通讯一点都不感兴趣。我只喜欢历史、文学，何况耶鲁的通讯专业好像也不怎么样。

A. 嗯，我有个好主意，你可以向银行借钱。银行对学生有特别的政策。等你工作以后再慢慢还钱。怎么样？好主意吧？

B. 好是好，可是那我这些年压力多大啊？值得吗？

A. 哎呀，你这也不行，那也不行，难道你真的愿意放弃这个机会？多少个学生都在羡慕你呢，你再好好考虑考虑吧。

B. 好吧，谢谢你啊。

对话三 老师讲解

生：这个对话一开始，说话人安妮就对大为说"恭喜你呀"。"恭喜"是什么意思？
师：如果你的朋友要结婚，或者有了小孩，得到一个奖学金，等等，你要对他说"恭喜"。
生：哦，也就是一个人有好事，好消息的时候你说"恭喜"。那大为有什么好消息？
师：他被耶鲁大学录取了。
生：哦，那可是一所名校，是值得恭喜。
师：可是大为却想放弃。
生：放弃？放弃是什么意思？
师：放弃就是不要了，或者改变主意，不按照原来的计划做了。比方说，我有一个很好的工作，可是这个地方离我家很远，我不愿意花太多时间上下班，所以我就不要这个工作了，也就是说我放弃了这个工作。
生：我懂了，为了学好中文，我放弃周末休息的时间，跟我的家教练习中文。
师：你真是个努力的学生。对话里，耶鲁大学录取大为了，但他想放弃去耶鲁学习的机会。
生：为什么要放弃这所名校呢？难道大为没有申请到奖学金吗？
师：是啊，就是因为他没有申请到奖学金他才不得不放弃，真是太可惜了。
生：太可惜了，"可惜"是什么意思？
师：你丢了一个很贵重的东西，你不得不放弃一个很好的机会，你都会感到可惜。朋友也会替你可惜。
生：比方说，我很喜欢一个漂亮的女孩子，我想追求她，可是她已经有你男朋友了，真可惜。
师：对呀，这里大为被耶鲁大学录取了，可惜没有奖学金。
生：大为想放弃，可是他的朋友安妮觉得放弃这所名校很可惜。
师：是啊，因为上耶鲁一直是大为的梦想。
生：梦想？梦想是什么意思？
师：梦，我们学过，睡觉的时候常常会做梦。梦想，意思是一个人长时间非常想做的一件事，而且为了这件事，他可能花了很多时间，做了很大的努力。
生：我现在最大的梦想就是学好中文，能说得像中国人一样。

师：每个人都有不同的梦想。但并不是所有的梦想都能变成真的。有的梦想永远都只是梦想。

生：那当然。我一直有一个梦想，那就是到全世界旅游。不过我知道，我不可能有时间和钱到全世界旅游。最多到一些国家看看。

师：是啊，可是大为的梦想差一点就变成真的了，现在放弃太可惜了，所以安妮让他再考虑考虑。

生：考虑考虑，考虑是什么意思？

师：考虑就是非常认真地想一想，常常为了做一个决定，或者想出一个解决办法，我们需要好好考虑。

生：朋友邀请我这个周末去跳舞，我很想去，可是下个周一我有一个很重要的考试，怎么办？我得考虑一下再告诉朋友。

师：你去跳舞都要考虑一下，大为要不要放弃上一个名校，当然更要考虑考虑了。安妮觉得既然被录取了，就不应该放弃。

生：既然被录取了，"既然"是什么意思？

师："既然"常常介绍出一个必须接受的已经存在的事实。比方说，既然下雨了，我们就不去打球了。下雨是已经存在的事实，"我们不去打球了"是因为"下雨了"这个事实。

生：我生病了，可是我还要去工作。我的妈妈可以说"既然生病了，就别去上班了"。大为考上了耶鲁大学，安妮觉得既然考上了，就不要放弃。

师：对，可是大为觉得他一家人的生活重担都在爸爸一个人身上，不想再让爸爸为耶鲁的学费伤脑筋。

生：你刚才说大为一家人的生活重担，这重担是什么意思？

师：重担意思就是很重的责任。一家人生活的重担，就是赚钱给一家人提供饭、衣服、房子、上学的钱，也包括照顾孩子的生活等等。

生：那还可以说工作的重担，对吧？

师：对，比方说你很能干，老板把工作的重担都给你，让你负责很多事情。

生：大为的妈妈身体不好，生活的重担在爸爸一个人身上。生活真不容易。

师：可不是嘛，大为说他爸爸妈妈生活很节省。

生：很节省？节省是什么意思？

师：节省就是舍不得花，舍不得用。花钱要节省，意思就是该花的钱才花，不该花的就不要花。我们还可以说节省时间，节省用水，意思就是少用一点时间，少用一点水。

生：那大为说他父母生活很节省，意思就是他父母舍不得穿好的衣服，舍不得买好吃的东西。

师：对，大为觉得他父母很可怜。

生：可怜？什么是可怜？

师：一个人很贫穷，很不幸，或者压力很大，你替他难过，你会可怜她，你会觉得他很可怜。

生：哦，我觉得失去父母的孤儿最可怜。

师：是啊，在街上碰到那些没有家的人向我要钱，我总是很可怜他们，给他们一些钱。

生：那大为觉得他父母很可怜，是因为他父母很贫穷，为了照顾孩子，让孩子上学，他父母很辛苦，对吧？

师：对，所以大为认为如果再让父母为他每年四万块钱的学费伤脑筋，自己就太残酷了。
生：太残酷了，残酷是什么意思？
师：残酷就是没有感情，很过分，让人很难接受。一个残酷的人，他不怕让别人受伤，不怕让别人难过。一个人离婚的时候不付钱给太太照顾孩子，还逼太太离开现在住的房子。你可以说这个人对他太太、孩子太残酷了，一点感情都没有。
生：除了说人残酷外，我们也可以说，事实很残酷，竞争很残酷，对吧？
师：对，残酷的竞争，残酷的事实。意思是说，这样的竞争和事实，让人难过，但是也没有办法。
生：我想中国孩子考大学的时候，面对的就是一种残酷的竞争。
师：是啊，每年有那么多学生想上大学，可是只有一小部分人能考上。这个竞争当然是很残酷的。
生：那，大为觉得父母已经很节省了，再让父母为自己的学费伤脑筋，自己太自私，对父母太残酷了。
师：对，可是安妮觉得这个困难的情况是暂时的，很快就会好起来。
生：暂时的，什么意思？
师：暂时的就是短时间的，不是长期的，很快就会改变的。
生：我懂了，我大学毕业以后要是找不到合适的工作，我就暂时到麦当劳打工，一边打工，一边找别的工作。
师：对，在麦当劳打工是暂时的，你不会永远在那儿干。
生：那安妮为什么说大为的经济困难是暂时的？
师：安妮让大为学通讯专业，特别是网络通讯，这个专业毕业以后能找到好工作，能赚很多钱。
生：网络通讯？网络我知道，就是现在说的英特网，internet. 我们每天都要用网络，那通讯是什么？
师：通讯就是人们之间联系的工具，比方说，最早我们写信，后来打电话，现在我们开始用电脑上网，这邮局、电话、电脑网络等等都是跟通讯有关的东西。
生：现在电脑网络在我们的生活中太重要了，我跟朋友联系用网络，买东西也用网络，现在我们上课更离不开网络。有的课，我都是在网上交功课。
师：是啊，正是因为网络越来越重要，学这个专业就很容易找到赚大钱的工作。所以安妮让大为学习这个专业。
生：可是大为好像不喜欢这个主意。他觉得这样他的压力太大了。不值得。
师：是啊，不过安妮劝他好好考虑考虑。

对话三 问题

1. 对话中，大为和安妮在讨论什么？
a. 该不该放弃上名校
b. 上名校是不是值得
c. 学什么专业最赚钱

2. 大为被名校录取了却不高兴，下面哪个不是原因？
a. 没有申请到奖学金
b. 家里经济条件不好
c. 耶鲁的网络通讯专业不好

3. 大为的父母生活很节省，因为：
a. 只有爸爸一个人工作
b. 大为考上了耶鲁学费很贵
c. 他们向银行借了很多钱让大为上学

4. 关于安妮对大为上名校的态度，下面哪个不对？
a. 安妮认为既然考上了，放弃很可惜
b. 上名校给父母很大的经济压力，很残酷
c. 上名校是一件让人羡慕的事

5. 根据对话，下面哪个不对？
a. 大为相信自己名校毕业以后能赚很多钱
b. 大为决定放弃上名校
c. 大为认为为了上名校借很多钱不值得

第八课 学成语

对话一

A. 小华,昨天我跟我的女朋友聊天的时候,她说我"夜郎自大",这"夜郎自大"是什么意思?

B. 嗯,大为,你不懂干吗不问你女朋友啊?

A. 你不知道,我女朋友在学英文,我在学中文,可是她的英文比我的中文进步快多了,总是问她,多没面子啊。你快给我解释解释吧。

B. 好吧好吧,"夜郎自大"是个成语,但这个成语是一个历史典故。

A. 什么是典故?

B. 典故就是历史上的故事或者古书上的东西。

A. 哦,那这个典故是个什么故事?

B. 别急,大为,你先告诉我"夜郎自大"这四个字是什么意思?

A. "夜"我知道就是"晚上","郎"是"男人","自"是"自己"的自。"自大"是什么?是不是自己觉得自己很伟大?很厉害?

B. 嗯,每个字你都解释对了,但"夜郎"在这里指的是古代一个叫"夜郎"的国家。

A. 哦,有叫"夜郎"的国家?

B. 对,在中国的西南部。那时这个国家的国王以为他们国家最大,其实他们国家很小。

A. 哦,我懂了,说一个人"夜郎自大"是说他不了解事实,太骄傲了,不够谦虚。

B. 没错,你也可以说一个人很"自大",意思跟"夜郎自大"一样。那你告诉我,你女朋友为什么说你夜郎自大呀?

A. 我,我告诉她在我们班,我的中文最流利。

B. 哈哈,大为,你真是夜郎自大,坐井观天啊。

A. 等等，小华，怎么又出来个"坐井观天"，也不是什么好话吧？是什么意思？

B. 你猜一猜啊？

A. 真讨厌，你不告诉我，要我猜！恩…"井"我知道，很多地方人们从井里取地下水喝，"观"就是"观察"的"观"，意思是"看"，"坐井观天"就是坐在井里看天。

B. 对，你想想，你坐在井里看天，你能看到全部的天吗？

A. 当然不能，只能看到一点点。哦，如果你说一个人"坐井观天"，那是说他对事实不够了解，看不到全部。你是说我以为自己的中文程度还不错，但我看到的只是自己身边这些人，忘了外边还有别的班，别的学校？

B. 哈！你现在又多学会一个成语了。

1. 大为不懂"夜郎自大"是什么意思，为什么不问他女朋友？
a. 他女朋友很骄傲
b. 他女朋友中文也不好
c. 他怕丢脸，怕女朋友看不起他

2. 大为的女朋友为什么说大为"夜郎自大"？
a. 因为大卫说自己的中文比他同学好
b. 因为大为说自己的中文比他女朋友好
c. 因为大为说他的国家最大

3. 关于"夜郎自大"这个成语，下面哪个不对？
a. "夜郎自大"来自一个历史典故
b. 说一个人"夜郎自大"是说他过分骄傲，不够谦虚
c. "夜郎自大"意思是夜郎这个国家的男人都很骄傲

4. 如果我们说一个人"坐井观天"这个人：
a. 喜欢坐在井里观察天
b. 对外面的世界不太了解
c. 因为知识丰富，不够谦虚

5. 从对话里，我们可以知道？
a. 大为觉得他的女朋友太自大
b. 女说话人小华觉得大为的中文很流利
c. 大为的女朋友知道的成语典故比大为多

对话二

A. 早，小张。
B. 早，老李。嗨，上次说的房子你决定买了吗？

A. 唉，还在犹豫呢，我对那座房子的结构不太满意。你想想，一楼没有厕所，多不方便啊。

B. 是不方便。除了睡觉，大多数时间都待在楼下，跑到楼上上厕所，太麻烦了。

A. 另一座房子结构很好，可是那儿的学校条件很差，而且只有一个老师是硕士毕业。

B. 唉，我告诉你啊，要是学校不好，房子千万不要考虑，否则孩子肯定上不了好大学。那你还有没有别的选择？

A. 还有一座房子，有点小，不过结构、价格等方面我都很满意。

B. 那就赶快下手吧，不要犹豫不决。差不多就行了，不可能有百分之百让你满意的房子。

A. 是啊，我知道，大体上满意就不错了，不可能百分之百满意。说实在的，这买房子的事都快把我烦死了。

B. 慢慢来，小张，一定能买到你满意的。

A. 有时候真想随便买一座算了，这一阵子每个周末都得出去看房子。

B. 我那时候跟你现在感受一样，甚至觉得算了算了，不买了。好在我先生有耐心，要不然我们现在还在租房子住呢。

A. 你幸福啊，我先生比我还没耐心。看了两三次房子就烦了。有时候跟他商量，他也没耐心听。真让人生气。

B. 他这样做就不对了，回头我跟他谈谈，我年纪大，他可能听我的。

A. 那先谢谢你了，老李。

1.老李和小张在谈什么？
a. 先生的耐心
b. 买房子
c. 房子的结构

2. 对话里说到的第一座房子，小张很犹豫，不能马上决定买不买是因为：
a. 厕所太小
b. 房子太小
c. 结构不好

3. 老李觉得小张应该赶快下手，把谈到的第三座房子买下来，因为：
a. 那座房子附近的学校很好
b. 那座房子大体上还不错。
c. 那座房子的大小和价格都很好

4. 关于对话里的老太太老李，下面哪个不对？
a. 老李买了一座让她百分之百满意的房子
b. 老李现在不租房子住了
c. 老李的先生比她有耐心

5. 根据对话，我们可以知道：
a. 在买房子上，小张和先生互相支持
b. 看了一阵子以后，小张和先生对买房子快没耐心了
c. 小张的先生是个犹豫不决的人

对话三

A. 你爱我吗？阿丽，说话呀，怎么默不做声呢？

B. 阿文，人的感情不是一成不变的，我现在说爱你，明天有可能就不爱你了，你就别再问了。

A. 你不愿意回答，是不是因为你心里有别人了？

B. 什么别人？

A. 你别再给我装聋作哑了，昨天你是不是又去看小陈打球去了？

B. 我就是喜欢他在球场上那生龙活虎的样子，怎么着，我去看他打球不行吗？

A. 你，你别真以为小陈球打得好，哪天让我来跟他来比比，一定把他打得一败涂地。

B. 哼，你少说大话，小陈是学校篮球队的，你跟他打，简直是班门弄斧。

A. 你看过我打球吗？高中的时候，我们球队常常拿球赛冠军呢。

B. 那你干吗一直深藏不露？

A. 我一直深藏不露是因为我不想让别人觉得我太骄傲。

B. 哼，谁知道你是不是在说大话。不管怎么样，我就是喜欢看小陈打篮球。

A. 阿丽，不要再想小陈了好不好？你知道，我对你一见钟情，从我们认识的第一天起，我对你的爱就从来没有改变过．

B. 我知道，可是．．．

A. 我这么爱你，你还三心二意，做不了决定？你想想，你认识小陈以前，我们的爱情也是一帆风顺的，我们在一起多高兴啊．．．

B. 好了好了，阿文，我知道你很爱我，可是我需要一个懂我的人。我喜欢小陈，也不是因为他球打得好

A. 难道他比我更懂你？

B. 你知道，我喜欢文学，喜欢历史，可是你对历史文学方面的东西总是不闻不问，和你谈文学，就像对牛弹琴，但小陈．．．

A. 小陈怎么样？我就不相信他一个运动员会比我更喜欢文学和历史。阿丽，我告诉你啊，像我这样的好男人并不多。

B. 哼，好男人不怕找不到女朋友，你对我就死了这条心吧。

对话三 老师讲解

生：这个对话是阿丽和她的男朋友阿文之间的对话。一开始，阿文好像不高兴？
师：是啊，他问阿丽爱不爱他，可是阿丽半天都默不做声。
生："默不做声"是什么意思？
师："默"是沉默的"默"，"默不做声"就是沉默着，一句话也不说，不作任何反应。
生：哦，我懂了，如果一个人很孤僻，别人问他什么他可能都默不做声。那阿丽默不做声，难道她不爱阿文吗？
师：可能以前她爱，但现在不那么爱了，她说人的感情不是一成不变的。
生："一成不变"是什么意思？
师："一成不变"就是永远不会改变，永远都保持一个样子。
生：世界上没有一成不变的东西。
师：对呀，不过，你可以用一成不变这个成语表示一个东西没有什么变化，没有创造性。

生：我懂了，有人觉得Jacky Chen的电影一成不变，总是打来打去的。你觉得呢？
师：我不觉得成龙的电影一成不变，我觉得他的每一步电影都有新的东西。
生：我现在越来越讨厌过年了。看的是一成不变的新年晚会，吃的也是一成不变的饺子。烦不烦啊！
师：我理解你的感受，有时候我也觉得烦，不过看到小孩子们生龙活虎，高高兴兴的样子，我还是觉得过年好。
生：你刚才说"生龙活虎"，龙和虎在中国文化中都代表最强大的动物，都代表勇敢，代表精力。但生龙活虎中"生"和"活"是什么意思？
师："生"和"活"在这里意思是活泼、有精神。如果说一个小孩生龙活虎，就是说他很活泼，很高兴，很有精神，一个人打起球来生龙活虎，也就是说打球的时候很有精神。
生：噢，小陈在球场上生龙活虎，所以阿丽喜欢上他了。
师：是啊，刚开始，阿文问她，她还装聋作哑。其实阿文知道她去看小陈打球了。
生：你刚才说装聋作哑，装聋作哑是什么意思？
师：聋，就是听不见，哑就是不能说话。装聋作哑，意思就是你能听见，会说话，可是你装着没听见，所以你不回答。
生：哦，阿文问阿丽心里是不是有了别人。阿丽不想回答这个问题，所以她装聋作哑，问"什么别人"。
师：对，小时候，妈妈常常叫你洗碗，收拾房间等等，你不想干，你就装聋作哑。对不对？
生：呵呵，是啊，小孩子嘛，总免不了这样。那小陈打球打得怎么样？
师：小陈是校队的，也就是学校的篮球队。阿丽觉得他打得很好。可是阿文觉得如果他跟小陈打，一定能把小陈打得一败涂地。
生：一败涂地，败就是失败，不成功，没有赢。一败涂地就是败得很厉害？
师：你不可以说"败得很厉害"。中国人常常只说"一败涂地"。"一败涂地"就是说一个人失败了，甚至到了一种没办法收拾，没办法继续的情况。
生：如果两个篮球队比赛，比分是０比８０，你可以说这个队被打得一败涂地。那阿文真的能把小陈打得一败涂地吗？
师：阿丽觉得根本不可能。小陈是校队的，阿文跟小陈比，真是班门弄斧。
生：班门弄斧是什么意思？
师：班，就是鲁班，是以前一个很有名的木匠。
生：木匠是什么？
师：木匠就是用木头做桌子，椅子，房子等等的人。
生：斧，我知道，就是斧子，象刀一样的东西，比较大的树、木头，你要用斧子。
师：对，"班门弄斧"就是在鲁班的家门前用斧子，给大家看你的技术。也就是说你在专家面前让大家看你的能力，太不谦虚了，太不了解自己的能力了。
生：哦，我懂了，如果一个研究中国历史的教授问你一个关于历史的问题，为了表示尊敬和礼貌，你应该谦虚地说"你是历史教授，我不敢班门弄斧"。
师：对，如果真要回答，你也可以先客气一下，谦虚地说"对不起，那我就班门弄斧了"，意思是，我如果说得不好，请你原谅我。
生：阿丽觉得阿文水平肯定很差，跟校队小陈比打篮球，真是班门弄斧。那阿文敢不敢跟小陈比？他是不是害怕了？
师：阿文才不怕呢。他说自己篮球打得很好，只是一直深藏不露，没有给阿丽看过。

生：深藏不露？我们学过躲，警察躲在树后面。"深藏不露"的"藏"跟"躲"是一样的意思，对吗？

师：对，但用"躲"的时候，我们只能说人或动物。我们能说一个人躲在树后面，也可以说一个人藏在在树后面。但我们只能说把钱藏在家里，把礼物藏在床下等等。"躲"不可以这样用。

生：那深藏不露是什么意思呢？

师：深藏不露，指一个人把自己的感情，自己的技术藏得很深，不让别人知道。

生：哦，如果我有一个很好的玩具，我不想让弟弟玩，所以我把玩具藏起来，但我不能说我把玩具深藏不露，对吧？

师：对，深藏不露只能用来说自己的心事，自己的感情，自己的技术等等。

生：阿文的篮球水平深藏不露，那阿文对阿丽的感情是不是也深藏不露呢？

师：才不是呢。他告诉阿丽他对阿丽是一见钟情，他那么爱她。

生：你说阿文对阿丽一见钟情，什么是一见钟情？

师：一见钟情，就是跟一个人在第一次见面的时候，就爱上了她。怎么样？你对你太太是不是一见钟情？

生：呵呵，差不多吧。那阿文爱阿丽那么深，阿丽对阿文好像不够好啊？

师：对呀，阿文觉得阿丽不应该再喜欢小陈，不应该对自己三心二意。

生：三心二意是什么意思？

师：三心二意意思就是你一会儿想这样，一会儿想那样，不能集中你的注意力，或没办法做决定。

生：比方说哈佛、耶鲁、MIT三个名校都录取我了，我一会儿想上哈佛，一会儿想上耶鲁，一会儿又改变主意，想上MIT，但我爸爸觉得哈佛最好，他可能会说，"我觉得你应该上哈佛，决定了吧，别三心二意了"。

师：对，阿文真可怜，他对阿丽那么好，阿丽还是三心二意。

生：都怪小陈，认识小陈以前，阿文和阿丽的爱情好像很顺利。

师：对呀，认识小陈以前，他们的爱情一直都一帆风顺。

生：一帆风顺是什么意思？

师："帆"就是在船上挂的用布做的东西，叫"船帆"。有了船帆，风一吹，船就可以走得很快。

生：如果风的方向跟船走的方向一样，我们说这是顺风，船会走得很快。朋友要离开了，或要去旅行，我们可以祝他"一路顺风"，就是希望他很快就到，希望他的旅行很顺利。

师：对呀。如果朋友不是去旅行，而是要找工作，交女朋友什么的我们就用这个成语，祝他事业一帆风顺，爱情一帆风顺等等。

生：既然阿文和阿丽一见钟情，一开始也一帆风顺，为什么阿丽还不满意呢？

师：阿丽喜欢历史，喜欢文学，她埋怨阿文对历史，对文学不闻不问。

生：不闻不问，就是不关心？

师：对，"闻"就是听见，这个字外边是一个门，表示声音，里边是耳朵，意思是"听"。不闻不问，就是说不要听见，也不要问，一点都不关心。比方说，我爸爸不关心我的学习情况，对我的学习，他总是不闻不问。

生：我懂了。阿丽那么喜欢历史、文学，可是阿文却对历史和文学不闻不问，阿丽当然不开心了。
师：对呀，阿丽觉得跟阿文谈历史、谈文学，感觉好像是对牛弹琴。
生：对牛弹琴，什么意思？
师：琴，我们学过"钢琴"这个生词，古时候当然没有钢琴，这里"琴"是中国的古琴。对牛弹琴，就是对着牛弹琴，牛当然不懂你弹得音乐，不懂你的感情。
生：哦，我懂了，如果你跟一个不喜欢也不了解中国历史的人谈中国历史，可以说你对牛弹琴。哈哈，这个成语有意思，我喜欢。
师：不过，你得注意，用这个成语要小心，除非是好朋友之间，否则很不礼貌。

对话三 问题

1. 阿文觉得阿丽跟他装聋作哑，因为：
a. 阿丽肯定知道阿文说的"心里有别人"是什么意思
b. 阿丽不愿意跟阿文说她爱他
c. 阿丽一直默不作声，好像很惭愧的样子

2. 阿丽觉得阿文和小陈比打篮球是班门弄斧，因为：
a. 阿文总是生龙活虎，高中时打球常拿冠军
b. 小陈深藏不露，阿文一定一败涂地
c. 小陈是校队的，而阿文不是

3. 关于阿文和阿丽的关系，下面哪个不对？
a. 他们的感情很好，一直一帆风顺
b. 阿丽现在三心二意，想换男朋友
c. 阿文曾经对阿丽一见钟情

4. 阿丽喜欢小陈是因为：
a. 和小陈谈文学像对牛弹琴
b. 她觉得小陈更懂她
c. 小陈对文学、历史不闻不问

5. 从对话里，我们可以知道
a. 小陈对阿丽的爱深藏不露
b. 阿文把小陈打得一败涂地
c. 阿丽已经决心跟阿文分手了

第九课 俗语和顺口溜

对话一

（噗！）

A.（女）小李，你放屁了吧？臭死了！

B.（男）你小声点，这么大声音，多不礼貌？

A. 你不礼貌，还嫌我不礼貌。

B. 不好意思，小张，我肚子有点不舒服，去了厕所好几次，就是拉不出来。

A. 怎么会这样呢？校长的演讲马上就要开始了，这么正式的场合，你可得注意啊。

B. 哎呀！那么正式的演讲，我要是控制不住放屁了，多没面子，怎么办，你帮帮我！

A. 是你的屁股，又不是我的屁股，我怎么帮你？

B. 唉呀！怎么这么说话，真不够朋友。

A. 这样吧，咱们坐在最边上，要是你感觉想放屁了，你就赶快出去，过一会再回来。

B. 好吧。咱们到那边去坐。
（噗！）

校长：各位同学，我今天演讲的题目是中国的改革开放。

A. 怎么又是改革开放？这个题目大家都已经讲过几百次了，真是炒冷饭。

B. 就是啊！
（噗！）

A. 小李，你又放屁了！

B. 不是我，我还以为是你放的呢！

A. 明明是你放的，干吗说是我，让别人怪我，要我替你背黑锅。你太过分了，这演讲我不听了，你一个人在这儿享受你的臭屁吧。

B. 哎哎，等等，怎么说走就走啊，对不起，对不起，嗨，我，我道歉了还不行吗？

1. 这个对话发生在下面哪个场合?
a. 一个餐厅里
b. 一家电影院里
c. 一场演讲会上

2. 关于"礼貌",下面哪个不是对话里的意思?
a. 小李认为小张在那个场合大声说话不礼貌
b. 小张认为正式场合进行到一半去上厕所不礼貌
c. 小张认为小李在那个场合放屁不礼貌

3. 小李对小张说"你帮帮我",他要小张帮什么?
a. 小李害怕等一下控制不住,在正式场合里放屁
b. 小李害怕等一下上厕所拉不出来
c. 小李要请小张替他背黑锅

4. 关于校长的讲话,下面哪个是对的?
a. 是关于正式场合的礼貌问题
b. 是炒冷饭,小张和小李不感兴趣
c. 是关于让人背黑锅的问题

5. 对话最后,男说话人小李为什么向小张道歉,一直说对不起?
a. 小张放了屁,让小李没面子
b. 小李放了屁,却让小张背黑锅
c. 小张不喜欢听人炒冷饭,生气走了

对话二

A. 阿强,该起床了,快点,你上班要迟到了。

B. 嗯,让我再睡１０分钟。

A. 你昨晚又开夜车了吧?你是不是把那些商业资料都准备好了?我问你呢?

B. 嗯,好了。

A. 那么多你都准备好了?那你几点睡的觉?嗯?

B. 嗯,三点左右

Ａ．你呀，天天下班了还把工作拿回家做，白天为公司忙，晚上也为你们公司开夜车，你这样拼命工作，这身体哪能受得了。

Ｂ．哎呀，别烦我，让我再睡一会儿。

Ａ．再说了，你这样拼命有什么用？也不会拍老板的马屁，说说他的好话，干了五六年了，还是个普通职员，连个小主管都当不上。

Ｂ．老婆，你有完没完呀，大早上就开始抱怨。算了，看来我也睡不成了。

Ａ．不满意我当然得抱怨啦！那我说的对不对啊？你说，你这么拼命有什么用嘛。你干吗不学学人家小王，多拍拍老板的马屁，老板高兴了，也让你当一个主管什么的。

Ｂ．拍马屁这种事我从来不会，也不需要。

Ａ．你怎么这么固执啊？

Ｂ．好老婆，你知道我不是那种人，你就不要抱怨，也不要逼我了好不好？

Ａ．好吧好吧，不过我告诉你啊，从今天开始，不管你工作做完没有，我不允许你开夜车，１１点必须睡觉。

Ｂ．好吧，我答应你，以后不再开夜车了，好了吧？

Ａ．我这也是为你好。

Ｂ．我知道。

1. 这个对话发生的时间最可能是：
a. 星期六早上
b. 星期二早上
c. 星期一晚上

2. 根据对话，阿强前一天晚上开夜车做什么？
a. 开夜车去公司工作
b. 开夜车准备商业资料
c. 开夜车争取当主管

3. 阿强老婆对阿强有很多抱怨，下面哪个不是？
a. 埋怨阿强不注意身体
b. 埋怨阿强工作太拼命
c. 埋怨阿强总是拍老板马屁

4. 这个对话发生以后的这个晚上１２点，阿强可能在干什么？
a. 睡觉
b. 开夜车
c. 拼命工作

5. 根据对话，下面哪个不对？
a. 阿强是公司主管
b. 同事小王很会拍马屁
c. 阿强工作很努力

对话三

A.（记者）希拉里女士，很多人还在谈论你的先生前总统克林顿和他的情人莱温斯基之间的丑闻，您一直对此默不做声，现在您能不能谈谈你的感受？

B. 我拒绝谈这个话题。

A. 哦，对不起。那，听说您跟克林顿曾经都是耶鲁大学法学院最好的学生，对不对？

B. 对，不过，我在耶鲁法学院读书的时候，各方面的表现都比 Bill 好得多，毕业以后，为了支持他，我只好牺牲自己发展的机会。

A. 那换句话说，就是您觉得您比克林顿更能干喽？

B. 不是我自大，说心里话，我觉得 Bill 只是半瓶醋。他知道的东西并不多，不过他很会说话，他可以用非常通俗、幽默的语言和老百姓讨论很深的问题，他也可以用非常漂亮、文雅的语言，做一个正式的电视讲话。

A. 是啊！尽管克林顿他有一大堆的丑闻，但老百姓就是喜欢他。您呢？克林顿做了那么多对不起您的事，难道您不伤心吗？您干吗不跟他离婚呢？

B. 离婚？咳，我不是没想过离婚，特别是很多人看不起我，讽刺我，有时候我真没法面对这种情况。可是，想想我们一起走过的风风雨雨，我还是舍不得。而且，每个人都会做错事，我没有那么狠心，我能原谅他。

A. 哇，我相信克林顿先生听您这么说，一定会很感动。您能不能谈谈你们的恋爱史？你们是不是一见钟情？

B. 我对 Bill 算不上一见钟情，在耶鲁的时候，我们每天在一起学习，他很有幽默感，总是有讲不完的笑话，他还给我写过很多诗，押韵押得很漂亮，慢慢地，我开始崇拜他了。

A. 那，你还记得他向你求婚的情景吗？
B. 当然记得，第一次求婚是我们研究生毕业去英国旅行的时候，不过被我拒绝了。

A. 那后来呢？

B. 后来他没有打退堂鼓，他还一直追求我，几年以后，他又暗示我，希望我嫁给他。

A. 他是怎么暗示您的？

B. 他买了一所房子，然后告诉我，这所房子需要一个女主人。

A. 你就这么答应嫁给他了？

B. 对呀，当时我很感动，因为那所房子，是我们一起散步的时候看到的。我当时随便说了一句"这所房子挺漂亮的"。没想到他就买了下来，那是他买的第一所房子。

A. 克林顿先生这么浪漫啊？

B. 他是很浪漫。问题是他不只对我浪漫，还对别的女人浪漫，很过分。

A. 那是以前，他不当总统以后，还继续做让你难过的事情吗？

B. 他当总统的时候，他是中心人物，我一直没有机会表现，总坐冷板凳，现在跟以前不一样了，我靠自己的能力得到了纽约人的支持，他也不再给我搞什么丑闻了。

对话三 老师讲解

生：这个对话好像是前总统克林顿的太太希拉里跟一个记者之间的对话。
师：对，记者想知道希拉里对克林顿性丑闻的看法。
生：什么是丑闻？
师：丑，就是不好看；你可以说一个人长得很丑；丑闻就是很丢脸，很没有面子的事情。比方说，政治丑闻；性丑闻；
生：我听过一个关于中国高考录取的丑闻。好像是一个学生考得很好，却没有被录取，一个学生考得不好，可是因为他有关系，结果被录取了。
师：咳，每天社会上都有一些丑闻。美国人特别喜欢谈政治家，总统的丑闻。不过，希拉里今天拒绝谈他丈夫的丑闻。
生：拒绝谈就是不愿意谈，不谈，对吧？

师：对，如果一个人请你吃饭，你不想去，你就可以拒绝他。
生：在对话中，希拉里拒绝谈丈夫的性丑闻，这个记者赶快换话题，他们谈了什么话题？
师：他们谈起了希拉里和克林顿在耶鲁大学读书的事情。希拉里觉得自己比丈夫更能干，为了丈夫，她牺牲了很多。
生："牺牲"是什么意思？
师：牺牲，从字面上看，这两个字右边分别是"东西"的"西"和"生活"的"生"，"西"和"生"表示声音，这两个字左边都"牛"字，牺牲原来的意思就是人们拜上天，拜上帝的时候，杀的牛羊等动物，现在我们常常把牺牲用作一个动词。比方说我想上博士，可是我有两个孩子，太忙了，我只好为了家庭牺牲上博士的机会。
生：希拉里觉得她为了支持丈夫，牺牲了自己发展的机会？她觉得自己比克林顿更能干，成功的可能性更大吗？
师：对，她说克林顿是半瓶醋。
生："醋"就是做饭的时候放的东西，是酸的，对吧？那，半瓶醋是什么意思？
师：半瓶醋，是一句俗语。如果瓶子里装满了醋，你怎么摇，都不会发出声音，如果只有半瓶，你摇的时候，声音就很响。
生：哦，我懂了，希拉里觉得克林顿知道得并不多，可是克林顿很喜欢说，很喜欢表现，不够谦虚。
师：对，克林顿很会说话，跟老百姓说话的时候，语言很幽默也很通俗。
生：幽默这个词好像是从英文 humorous 来的，就是很有意思，那通俗是什么意思？
师：通俗就是很简单，很容易懂，一般没有受过很高教育的人也能懂的东西。
生：噢，跟普通老百姓说话就得用比较通俗的语言，要不然老百姓听不懂，也会埋怨你架子搭。
师：对，可是要是你做一个很正式的讲话，你得说得漂亮一点，文雅一点，要不然别人觉得你水平低。
生：你刚才说文雅一点？文雅是什么意思？
师：一个人受过很好的教育，很懂礼貌，你可以说他很文雅。一个人总是说脏话，穿衣服也不整齐，你可以说他很不文雅。
生：嗯，克林顿在电视上讲话的时候语言很漂亮、很幽默，也很文雅。
师：看来你很崇拜他喽。
生：呵呵，当然了，你看克林顿出了这样的丑闻，人家希拉里还崇拜呢，我更应该崇拜了。
师：你别讽刺希拉里。我觉得她挺可怜的。
生：讽刺？什么是讽刺？
师：比方说，你跟朋友约好见面，你的朋友迟到了很长时间，你就对他说，嗯，你来得可真早啊，这就是讽刺。再比方说，有人想不通希拉里为什么不跟克林顿离婚，觉得希拉里很奇怪，他可能说：呵呵，希拉里可真不简单啊！
生：噢，我懂了，不过我没有讽刺希拉里的意思。但我也想不通希拉里干吗不离婚呢？
师：说离婚就离婚，那么容易。希拉里跟克林顿结婚那么多年，还是有很深的感情的。
生：是啊，离婚是很残酷的，回想以前在一起的幸福情景，一般人都没有那么狠心。
师：对呀，希拉里现在还常常想起以前克林顿给她写的诗，说他押韵押得特别好。
生：押韵是什么意思？

师：押韵就是两个词发音的最后一样或者很像。比方说，go to the beach to eat a peach。Beach 和 peach 这两个词就押韵。

生：哦，这就是押韵，在中文里我们写诗都要押韵，这样听起来才好听。

师：是吗？你能不能给我一个例子？

生：好啊：床前明月光，疑是地上霜。

师：噢，第一句最后一个字是光，第二句最后一个是霜，"光"和"霜"这两个字押韵。

生：那克林顿押韵押的好，就让希拉里爱上他了？

师：对呀，不过第一次求婚，希拉里还是拒绝他了。但克林顿没有打退堂鼓，一直坚持追求她。

生：你刚才说打退堂鼓。"鼓"就是 drum，那打退堂鼓是什么意思？

师：在古代中国，法庭，也就是 court，结束叫"退堂"。退堂要打鼓，所以打退堂鼓就是完了，结束了。现在我们用打退堂鼓表示遇到困难就不做了，就放弃了。

生：我懂了，克林顿没有打退堂鼓，意思就是他们有放弃追求希拉里。

师：对，他一直追了希拉里好几年，最后买了一座房子暗示希拉里嫁给他。

生：暗示是什么意思？

师："示"就是表示，让别人知道，暗示就是不直接说，用别人办法让对方看出来或者听出来你的意思。比方说我觉得你最近有点胖了，我想建议你减肥，我会说，你最近好像该做做运动了，这就是暗示。

生：呵呵，我懂了，那克林顿说这所房子需要一个女人，他暗示希拉里嫁给他，做这所房子的女主人。

师：对呀，是不是很浪漫呀？

生：浪漫，什么意思？

师：哎呀，浪漫你都不懂，再想想，这个词是从英文来的。

生：从英文来的？是不是 romantic？

师：对呀，你谈恋爱的时候是不是做了很多浪漫的事？

生：嗯，谈恋爱的时候无论做什么事，只要两个人一起做，都觉得很浪漫，不过，说心里话，现在想想不觉得浪漫，觉得有点傻。

师：就像一首歌说的，最浪漫的事就是和自己爱的人一起慢慢变老。

生：是啊，浪漫是挺好的，可是不能对谁都浪漫。克林顿以前可真是伤了希拉里的心。现在怎么样？

师：现在克林顿不当总统了，跟丈夫相比，希拉里不再觉得自己坐冷板凳了，她的政治生活越来越成功。

生：你说希拉里不再觉得自己坐冷板凳，坐冷板凳是什么意思？

师：板凳就是一种椅子，坐冷板凳，就是不被别人重视，没有机会表现自己的能力。比方说，我在中央电视台做了三年冷板凳，然后才开始受注意。意思就是，开始三年，没有人注意我，领导根本不重视我。

生：噢，以前，人们说的都是克林顿什么什么的，现在她是 senator，也就是参议员，所以她就觉得自己不再坐冷板凳了。

对话三 问题

1. 下面哪一个不是对话中提到的话题？
a. 克林顿不当总统以后做什么
b. 克林顿和希拉里在法学院读书的情景
c. 克林顿是怎么向希拉里求婚的

2. 希拉里为什么喜欢克林顿？
a. 希拉里喜欢克林顿的笑话和押韵漂亮的诗
b. 希拉里对克林顿一见钟情
c. 克林顿给希拉里买了一座房子

3. 希拉里没跟克林顿离婚，下面哪个不是原因？
a. 希拉里没有那么狠心，克林顿做错事她可以原谅
b. 希拉里舍不得跟克林顿的感情
c. 希拉里不在乎克林顿的丑闻

4. 根据对话，关于克林顿，下面哪个不对？
a. 希拉里认为克林顿是半瓶醋
b. 克林顿在电视上讲话很通俗，跟老百姓说话很文雅
c. 克林顿幽默、浪漫，会写押韵的诗

5. 根据对话，关于希拉里，下面哪个不对？
a. 希拉里认为自己以前牺牲了很多机会
b. 希拉里认为自己现在不坐冷板凳了
c. 希拉里认为自己应该打退堂鼓

第十课 谈"吃"

对话一

A．老婆，家里有什么吃的，我快饿死了。

B．唉？阿强，你的美国朋友不是请你吃饭吗？怎么回来还叫饿呢？

A．哎呀，老婆，你不知道，美国人请客能有什么？不外乎生菜，牛排，看见这些我就不想吃，一点食欲都没有。

B．他们只有生菜，牛排啊？

A．是啊，反正几个美国朋友请我吃饭都是生菜，牛排，好像除了生菜牛排就没有别的美国菜了。

B．这美国人也真可怜，总吃生的啊？

A．咱没去过美国，不知道，不过这里的美国朋友请客时不外乎就这几样。

B．哪天请你的美国朋友到家里来，让他们看看我做饭的手艺。

A．唉，好主意，这个周六怎么样？

B．你说请就请啊？好吧，那，几个朋友来，我做几个菜？

A．让我想想，大为去上海出差了，玛丽明天要回国，所以，应该只有三个人来。你做２０个菜吧。

B．什么？三个人来你让我做２０个菜？

A．哎呀，各种各样的菜你都做一点点，炫耀一下，让这些美国人看看中国菜是什么样。

B．他们看到以后，一定会非常吃惊，不敢相信自己的眼睛。说不定，他们吃了我做的菜，都想娶个中国老婆呢。

A．那算了，别请他们了，咱们中国女孩子最好，最优秀，还是留着给中国人做老婆吧。

B．不请就不请，真是的，你一会这样，一会那样，像个孩子似的。

1. 阿强说他很饿，因为：
a. 他刚回来，还没有吃饭
b. 他今天没什么食欲
c. 他不爱吃美国的生菜牛排

2. 阿强说，美国人请客不外乎生菜牛排，意思是：
a. 美国人请客不爱吃生菜牛排
b. 美国人请客除了生菜牛排没有别的
c. 美国人请客对生菜、牛排没有食欲

3. 阿强和老婆想请美国朋友到家里吃饭，是因为：
a. 他的朋友常常请他吃饭
b. 他的朋友有的要出差，有的要回国了
c. 想要向他的朋友炫耀一下中国菜

4. 关于阿强请客，下面哪个不对？
a. 他准备请美国朋友吃生菜、牛排
b. 他认为美国朋友看到老婆做得菜后会很吃惊
c. 他的朋友大为因为出差不会来

5. 根据对话，我们知道：
a. 中国女孩那么优秀，让阿强很吃惊
b. 阿强改变了周六请客的决定
c. 阿强抱怨老婆像孩子一样变来变去

对话二

A. 小强，吃饭了。快点，今天妈妈做的菜可丰富了，快来尝尝好不好吃。

B. 来了来了。真好看，红色是西红柿，绿色是黄瓜，嗯？这黄色的是什么？是土豆吗？

A. 是萝卜，不是土豆，妈妈明天再给你做土豆。

B. 恩，我见过红萝卜，也见过白萝卜，还有黄萝卜呀？好玩。

A. 哎，用筷子，别用叉子，又不是美国人。

B. 哎呀，妈妈，我讨厌用筷子，用筷子吃米饭太难了。

A. 那是因为你用得不好，用得好了，用筷子吃什么都没问题。来，尝尝妈妈蒸的鱼好不好吃。

B. 我不要吃蒸的东西，蒸出来的东西，没有什么味道，我喜欢吃烧的东西，烧的东西最好吃。

A. 烧鱼还得先炸，再加水煮，太麻烦了。蒸的容易，而且用水蒸的东西有菜原本的味道，你不知道，新鲜的鱼蒸出来最好吃，鱼不新鲜了才烧着吃呢。

B. 新鲜不新鲜无所谓，只要好吃就行。

A. 你这傻孩子。哎，你不能只吃肉，不吃蔬菜呀，来，吃点西红柿，还有这个炒萝卜。

B. 妈妈，我不喜欢吃蔬菜，我就喜欢吃肉

A. 你喜欢也得吃，不喜欢也得吃。

B. 哎呀，你不要什么都管，我想吃什么就吃什么。

A. 我管你是为你好，你不吃蔬菜，营养不够，容易生病！而且长大以后也不帅，娶不到漂亮的老婆。

B. 没关系，小强不要老婆。

A. 哦？为什么呀？

B. 你每天都限制我爸爸看电视球赛，我也喜欢看球赛，以后有老婆了，就不能自由看球赛了。

A. 你这孩子，年纪不大，懂得还不少。

1. 从对话中我们知道，小强和妈妈今天没有做下面哪种蔬菜？
a. 黄瓜
b. 土豆
c. 萝卜

2. 小强不喜欢吃蒸的东西，更喜欢吃烧的东西，因为：
a. 烧的东西更有味道
b. 烧的东西更新鲜
c. 蒸的东西更有营养

3.小强的妈妈逼小强吃什么？
a. 鱼
b. 蔬菜
c. 肉

4. 如果小强的妈妈刚刚抓了一条鱼，她最有可能怎么吃？
a. 把鱼烧了吃
b. 把鱼蒸了吃
c. 把鱼炒了吃

5. 根据对话，下面哪个不对？
a. 小强希望长大后娶个漂亮老婆
b. 小强的爸爸看球赛受到妻子的限制
c. 妈妈担心小强的营养不够

对话三

A. 阿建，上次在你们家吃的左宗棠鸡真好吃，色香味都不错。你能不能教教我这个美国人怎么做？

B. 哎呀，安妮，真不好意思，上次的左宗棠鸡不是我做的，是我从饭馆里买的。

A. 哦，怪不得那么好吃，我以为你有这么好的做饭手艺，还想好好向你请教呢。

B. 唉，要是有了，我的日子就好过了，可惜没有，待在美国，我天天都怀念中国菜。

A. 现在在美国，中国饭馆可以说是无处不在，想吃中国菜不是问题啊！

B. 话是这么说，可是这里的中国饭都不是真正的中国饭，都是美国化了的中国饭。

A. 那倒也是，这里中国饭的味道的确很差。我在北京留学的时候，学校门口有一家非常好的饭馆，我真怀念他们的特色菜，还有北京烤鸭。

B. 你想，连你这个美国人都怀念中国饭，何况我这个中国人了。

A. 那，你住的地区一定没有好的中国饭馆喽？

B. 别提了，离我家最近的中国饭馆，开车也得半个小时，而且每个菜都是一个味道。我现在非常向往毕业回国的那一天，到时候我就可以天天吃中国饭了。

A. 可是你到美国来学医学大家都羡慕得不得了，而且这里有最先进的技术，也有很多工作机会，放弃了很可惜呀。

B. 我知道，美国各方面都很发达，很多技术都很先进，可是，在这里，我不但吃不惯美国饭，而且生活很寂寞，看到别人和家人在一起，我就禁不住想起我的家人。

B. 那倒也是。不能常常跟家人朋友相聚，是很难过的。

A. 再说，我也应该回去为我的国家做贡献，不能在这里追求个人享受。

B. 哦，阿建，你的爱国精神，真让人感动。

A. 别别别，别这么说，我都不好意思了，其实主要是因为吃不惯美国饭，也离不开家人。

B. 你是中国人，又在美国生活了五、六年，可以说是精通中西语言和文化，而且又学了最先进的技术，我相信你回国以后事业发展一定会一帆风顺。

A. 希望如此，不过，说实在的，我真舍不得这里清新的空气，漂亮的环境，而且，气候也非常好，不冷也不热。

对话三 老师讲解

生：这个对话是阿建和他的美国朋友安妮之间的对话。
师：对，开始的时候，安妮向阿建请教怎么做左宗棠鸡。
生：这左宗棠鸡是一个菜名，对吧？
师：对，左宗棠是清朝的一个名人，他是湖南人，喜欢吃辣味鸡，后来中国人把这道菜叫左宗棠鸡。
生：哦，是这样啊，不过美国的左宗棠鸡都是甜酸味的。
师：是啊，安妮就很喜欢上次在阿建家吃的左宗棠鸡，说这个菜色香味都不错。
生：色香味都不错？什么是色香味？
师：色就是颜色，香就是闻起来很好闻，味就是味道。一道菜色香味都不错，就是说这道菜颜色好看，闻起来很香，吃起来也很好吃。
生：噢，所以安妮想请教阿建怎么做这个色香味都好的左宗棠鸡。可惜阿建不会做，他是从饭馆买的。
师：对，阿建做中国菜的手艺不怎么样，他也吃不惯美国菜。可是安妮觉得中国饭馆在美国无处不在，阿建每天都吃中国菜没问题。
生：你刚才说中国饭馆在美国无处不在，这无处不在是什么意思？
师："处"就是"地方"，"无处"就是没有一个地方，"无处不在"意思就是没有一个地方没有，也就是说哪儿都有。

生：哦，我懂了。现在社会做什么都得竞争，可以说现代社会竞争无处不在。
师：对，虽然美国的中国饭馆无处不在，但阿建觉得这里的中国菜不是真正的中国菜，而是美国化了的中国菜。
生：对，连安妮这个美国人也觉得这里中国菜的味道跟她在北京吃的中国菜差远了。
师：是啊，安妮说她在北京留学的时候常去一家饭馆，现在她还怀念那家饭馆的特色菜，还有北京烤鸭。
生：北京烤鸭我知道，就是 Peking duck。很有名。特色菜是什么意思？
师：特色，就是非常不一样的特点，它可以作形容词，你可以说特色文化，意思就是非常有特点的文化，特色建筑，就是非常特别的建筑。
生：那特色菜就是一家饭馆非常有特点的菜？
师：对，就是这家饭馆最受欢迎的菜。可能就是因为它的特色菜，这家饭馆才吸引了那么多顾客。
生：咳，美国的中国饭馆只要有一点像真正的中国菜就好了，不可能有什么特色菜。
师：可不是嘛，阿建住的那个地区一家中国饭馆都没有。他得开车半个小时才能吃上中国饭。
生：你刚才说阿建住的那个地区，地区就是地方吗？
师："地区"常常指一大片地方，比方说农村地区，发达地区。我们也常常把一个很大的地方分成几个地区，给不同的地区起一个名字，这样比较方便。
生：哦，我知道了，在美国，一个地区可能有几个小城市，每个地区有自己的学校。学校好的地区，房子就比较贵。
师：对，因为阿建住的地区没有好的中国饭馆，阿建做饭的手艺也不好，所以阿建很向往毕业回中国的那一天。
生：向往毕业回国的那一天？"向往"是什么意思？
师：如果你对某件事很"向往"，也就是说你非常希望这件事发生在你身上，希望它越早发生越好。比方说，年轻的女孩，都会向往浪漫的爱情。希望有一天能谈一场浪漫的恋爱。
生：我现在很穷，羡慕有钱人的生活，可以说我对有钱人的生活很向往。
师：对！
生：那阿建向往回国的那一天，意思就是阿建每天都在想回国的那一天早一点来到。
师：对，可是安妮觉得阿建学的是医学，美国的医学技术更先进，放弃在美国发展而回中国很可惜。
生：你刚才说美国的医学技术更先进，"先进"是什么意思？
师："先进"跟"落后"相反，就是非常好，跟别的相比，水平高的多，我们常常说先进的技术，先进的方法，先进的管理等等。
生：这个地区很落后，相反，能不能说这个地区很先进？
师：不能，你得说这个地区很发达，先进只能用来说技术，方法，管理，系统等等。
生：哦，我懂了，那虽然美国的医学技术很先进，但阿建吃不到真正的中国饭，为了先进的技术，还是不值得待在美国。
师：是啊，而且阿建很想他的家人，每次看到别人和家人在一起，他就禁不住想起自己的家人。
生：禁不住想起自己的家人，禁不住是什么意思？

师："禁不住"意思就是很自然地就发生了，没有办法控制。比方说，我在夏威夷就是Hawaii，旅游的那儿天，每天都会听到夏威夷音乐，现在我每次听到同样的音乐，就禁不住想起我在夏威夷的经历。

生：我知道吃太多甜东西会长胖，可是我非常喜欢甜东西，一看到甜的东西，我就禁不住吃了一口又一口。

师：很多人都喜欢吃甜的东西，只要吃起来，都会禁不住多吃一些。

生：那阿建这么想念自己的家人，看来他真应该回国发展了。

师：是啊，阿建觉得回国发展可以常常跟家人朋友相聚。

生：相聚是什么意思？

师："相聚"的"聚"就是"聚会"的"聚"。跟朋友相聚，就是跟朋友聚在一起。

生：哦，中国人过年，美国人过感恩节，圣诞节，一定要跟亲戚相聚在一起。

师：对，能常常跟亲人朋友相聚对阿建来说很重要。所以他选择回国发展。而且安妮觉得阿建回国发展一定会一帆风顺，因为阿建精通中西方语言和文化。

生：精通中西方语言和文化，精通是什么意思？

师："精通"就是对一种技术，对一个方面的知识非常了解，很有学问。

生：哦，我的同屋对网络通讯技术很精通，我对中国历史文化比较精通，所以我们常常互相请教这两方面的东西。

师：那非常好，每个人都应该至少精通一种技术或者一方面的知识。

生：那阿建是中国人，对中国语言和文化当然很精通，现在又在美国住了好儿年，对美国文化也很精通。

师：是啊，所以安妮觉得阿建回国发展也不错。不过阿建说真舍不得美国漂亮的环境，他也喜欢这里的气候。

生：你说他喜欢这里的气候，气候就是天气吗？

师：天气常常指一天的情况，会不会下雨，热不热等等，而气候是指一个地方一年或者每个季节的天气特点。

生：哦，我懂了，如果问纽约的气候怎么样，你得说纽约一年春夏秋冬很明显，冬天很冷，夏天很热，等等。

师：对了。

对话三 问题

1.关于对话中安妮提到的左宗棠鸡，下面哪个不对？
a. 是安妮在阿建家吃的
b. 是阿建从饭馆买的
c. 看起来不好看，吃起来很好吃

2. 根据对话，关于美国的中国饭馆，下面哪个不对？
a. 色香味都不错
b. 都只卖美国化了的中国菜
c. 中国饭馆在美国无处不在

3. 从对话中，我们知道：
a. 阿建向往跟家人相聚
b. 安妮知道怎么做左宗棠鸡
c. 美国的工作机会多，让阿建禁不住想留下来

4. 安妮觉得阿建回中国太可惜，因为：
a. 中国的环境和气候太差
b. 美国的医学技术更先进，更发达
c. 阿建就不能为美国做贡献了

5. 安妮认为阿建回国以后，事业会一帆风顺，因为：
a. 阿建可以每天都吃中国饭
b. 阿建精通中西语言和文化
c. 阿建的爱国精神令人感动

第十一课 中国的摇滚歌手崔健

对话一

A．(女) 咳！丹尼，上哪儿？

B．(男) 上体育馆去，好久没锻炼身体了，想到体育馆里跑跑步。

A．体育馆前有一群人在抗议呢！今天可能不开。

B．抗议？谁在抗议，抗议什么？

A．好像是学校的秘书，还有其他一些在食堂工作的职员。

B．早就听说他们要组织抗议活动，我以为是谣言，没想到是真的。

A．对，是真的，不是谣言。这些职员抱怨他们的工资不高，福利不好，也要求学校给他们提供更好的退休计划。

B．今天的气温只有二十几度，一会儿也许还会下雪。这群人真不怕冷，这样的天气还跑出来抗议。

A．他们有精神的很呢！你远远地就可以听到他们的呐喊。

B．呐喊？他们呐喊什么？

A．他们喊："提高工资！现在就提高""我替你工作，你给我福利！"他们的声音大得很，吵得附近的学生都不能上课。

B．那学校领导没有跟他们谈谈吗？得早一点解决这个问题，要不然我们食堂也要关门了。

A．听说他们正在谈。不过带领抗议的负责人拒绝签协议，他们要争取更高的工资。学校没办法满足他们的工资要求。

B．完了，看来这几天体育馆都不开，锻炼不成了。

A．我看啊，明天食堂也要关门。要是他们每次抗议都起作用，以后哪个团体都会动不动就抗议，来要求更好的福利。

B．可不是嘛，咱们食堂的饭一成不变，哪天我们学生也来抗议一下！

1. 丹尼和他的朋友在对话中讨论什么？
a. 学校的抗议
b. 学校的食堂
c. 学校的体育馆

2. 关于对话里的抗议，下面哪个不对？
a. 有人要抗议不是谣言
b. 有个抗议活动正在进行
c. 抗议发生时气温很高

3. 对话中的抗议者抗议有很多原因，下面哪个不是？
a. 食堂的饭菜一成不变
b. 退休计划太差
c. 工资福利不高

4. 抗议的人群和学校领导还没有签协议，因为：
a. 他们动不动就抗议，学校领导不重视
b. 他们的要求学校不能满足
c. 他们拒绝跟学校领导谈

5. 关于对话，下面哪个不对？
a. 学校的饭菜让学生不满意
b. 丹尼和他的朋友不需要关心这个抗议
c. 抗议的呐喊影响学生上课

对话二

A．对不起，老婆，我回来晚了，今天路上交通很不好，堵车堵很厉害。

B．没事啊，反正晚饭还没有准备好。

A．准备晚饭？我们不是要去阿强家参加聚会吗？

B．哦，他下午打电话说聚会取消了，没有聚会了。

A．聚会取消了？为什么呀？真气人。

B．取消就取消了，有什么好气的。正好我们吃完晚饭可以去看王菲的演唱会。

A．王菲的演唱会？你开玩笑吧？你怎么会有王菲演唱会的票？

　　B．我知道王菲是你最喜欢的歌手。她的歌你几乎都会唱。所以买了她的演唱会的票，让你高兴高兴？

　　A．真的，谢谢老婆，那，你说老实话，又想让我给你买什么了？

　　B．你想哪儿去了？我可没有别的目的。

　　A．嗯，我不是不相信你，可是我不能不怀疑。难道你知道阿强会取消聚会？我们今天有聚会，你怎么还买演唱会的票？

　　B．算了，不瞒你了，其实演唱会的票是阿强给咱们买的。

　　A．原来是这样，我说呢。这阿强果然够朋友，太好了，太好了。

　　B．看把你高兴的，快来帮我做饭。

　　A．来了，来了。

1. 对话中，先生着急回家，因为他要：
a. 急于吃晚饭
b. 去看一个演唱会
c. 参加朋友的聚会

2. 关于这个演唱会，下面哪个不对？
a. 演唱会的歌手先生非常喜欢
b. 太太买了演唱会的票让先生高兴
c. 先生几乎会唱这个歌手所有的歌

3. 从这个对话中，我们可以知道：
a. 先生常常怀疑太太说的话
b. 先生以为太太想要先生给她买东西
c. 阿强常常取消聚会

4. 先生怀疑演唱会的票不是太太买的，因为：
a. 太太并不知道阿强要取消聚会
b. 太太不知先生喜欢这个演唱会
c. 太太没有什么东西想让先生给她买

5. 根据对话，下面哪个不对？

a. 先生本来以为阿强不够朋友
b. 先生和太太吃完饭去会看演唱会
c. 先生对演唱会没兴趣，更想去聚会

对话三

A．阿华，你喜欢披头四的音乐吗？我真喜欢他们的音乐，他们真是音乐天才。

B．披头四？那是我爸最喜欢的乐队。我爸收集了披头四的每一张专辑。

A．哦！你爸是披头四的歌迷啊！他不是从中国来的吗？我听说二三十年前，中国人听的都是歌颂社会主义，毛主席那一类的歌，你爸怎么能听到披头四的歌呢？

B．丹尼，你说的是中国大陆的情况。我爸七岁就到台湾了。他年轻的时候，台湾有一些美国的军人，他们把美国的流行音乐带进台湾，当时美国的流行歌在台湾非常流行。

A．真的吗？所以，二三十年前，台湾人就开始听美国的摇滚乐了！

B．没错。当时美国的摇滚乐给台湾的年轻人带来不小的震撼，他们都迷上了摇滚乐。但老一辈的人还是比较保守，他们似乎觉得摇滚乐是什么邪恶的东西，会让年轻人堕落，不努力读书，不努力工作

A．那当时的年轻人，听摇滚乐不能让老人发现，得偷偷听喽。

B．对呀，要是老人发现你在听摇滚乐，他们会觉得你很堕落，追求一些不健康的东西。

A．那是为什么呀？

B．可能是因为摇滚音乐的风格，你知道，唱摇滚乐好像是在呐喊，而且表达的大多是自己的不满和无奈。

A．对，年轻人都比较叛逆，总是有各种各样的不满，所以比较喜欢摇滚音乐这个风格。

B．可是，在老年人看来，放着好好的歌你不唱，在那儿喊什么？

A．哈哈，有时候年轻人心里的感受，老人说什么也不会理解的。

B．是啊，不过，我觉得我爸很了解我，可能是因为我们都是披头四的歌迷，我们常常像朋友一样无话不谈。

A．你有一个了解你的爸爸，真令人羡慕。

对话三 老师讲解

师：这个对话的话题是音乐，但不是普通音乐，是摇滚音乐。
生：摇滚音乐就是 Rock & roll？
师：对，"摇"就是"摇头""摇手"的"摇"，一个圆圆的东西，比方说篮球，在地上可以"滚"。汉语"摇滚音乐"这个说法来源于英语，因为摇滚音乐来源于美国。
生：像上个世纪五十年代猫王 Evlis Presley 的音乐就是摇滚音乐。
师：对，猫王被称为摇滚乐之王。但这个对话里他们谈的是流行于上个世纪六、七十年代的英国披头四乐队。
生：就是 Beattles，大陆所谓的甲壳虫乐队？
师：对，乐队一般由三、五个人组合而成。在一个摇滚乐队里，打鼓的叫鼓手，唱歌的叫歌手，弹吉他的叫吉他手。
生：在这个对话里，男说话人丹尼觉得披头四的音乐怎么样？
师：丹尼觉得披头四的成员都是音乐天才。
生：天才是什么意思？
师：天才就是一个人天生就有一种特别的，出生后很难培养的才能。比方说一个人天生就非常喜欢画画，而且画得特别好，你可以说他有画画的天才。或者说他是一个天才画家。
生：一个孩子天生数学特别好，你可以说他是一个数学天才，或者天才数学家。
师：对，在这个对话里，丹尼和阿华都认为披头四是音乐天才。他们俩都是披头四乐队的歌迷。
生：什么是歌迷？
师：如果你非常喜欢某个歌手的歌，你就是他的歌迷。你是谁的歌迷？
生：我对音乐没有特别的兴趣，我喜欢打球，尤其喜欢看姚明打篮球，我可以说是姚明的球迷。
师：你怎么不喜欢披头四的音乐呢？连阿华的爸爸也是披头四乐队的歌迷。他收集了披头四乐队的每一张专辑。
生：收集专辑，什么是专辑？
师：一张 CD 里，所有的音乐都是某个歌手或者某个乐队的，这张 CD 就是这个歌手或乐队的专辑。如果一张 CD 里，有很多不同歌手的音乐，就不是专辑，是合辑。
生：合作的合吗？
师：对。
生：说话人的爸爸已经那么老了，竟然是披头四的歌迷，披头四出版的专辑他都买了！一般来说，摇滚音乐不太受老一辈人的欢迎。
师：对呀，丹尼也很吃惊阿华的爸爸竟然是披头四的歌迷，他听说中国的老一辈人唱的歌，都是歌颂共产党，歌颂毛泽东的。
生：歌颂是不是就是称赞呀？

师：对，不过歌颂可不是一般的称赞，你功课做得好，老师称赞你，而歌颂，要唱歌，写文章，出版书，举行各种活动等等。歌颂的对象常常是一个制度，一个伟大的英雄，或者领导。

生：我知道了，我听说中国的小孩子常常唱歌颂雷锋，歌颂共产党的歌。

师：我记得小时候，老师教我们唱"社会主义好，社会主义好，社会主义国家人民地位高。"

生：哈哈，现在听起来真可笑。中国现在都不是社会主义了。

师：怎么不是，中国政府说那是有中国特色的社会主义。

生：好好，那阿华的爸爸每天都唱这些歌颂歌曲，怎么有机会听到摇滚乐？

师：阿华的爸爸7岁就离开大陆到了台湾。所以说他是在台湾长大的。

生：我知道是怎么一回事了。当时中国跟台湾的关系很紧张。美国在台湾有很多军队。你想，军人都是20岁左右的年轻人，一定都是摇滚乐迷。他爸爸那时也是年轻人，受美国军人的影响，变成一个摇滚歌迷是很自然的事。

师：对呀，当时从美国来的摇滚音乐对年轻人是很大的震撼。

生：我知道 earthquke 是地震。那震撼是什么意思？

师："震撼"的"震"和"地震"的"震"是同一个字，"撼"就是用手摇一个大东西，"震撼"就是让人非常吃惊，有非常大的影响。

生：摇滚乐给台湾的年轻人带来很大的震撼，意思就是对台湾的年轻人带来了很大的影响。

师：是啊，摇滚音乐跟传统的音乐太不一样了，连台湾的年轻人都觉得很震撼，台湾老一辈人更是听不惯，他们认为摇滚音乐是一种邪恶的东西。

生：邪恶是什么意思？

师：邪恶就是非常坏，我们常常说邪恶的思想，邪恶的政府，如果一种宗教压迫人民，那就是一种邪恶的宗教。

生：摇滚音乐里充满了非传统的东西，所以老一辈认为摇滚音乐是邪恶的。

师：对，老一辈觉得听摇滚音乐会让年轻人堕落。

生：堕落，堕落是什么意思？"堕"就是"堕胎"的"堕"吗？

师：对，"落"就是"落后"的"落"。"堕落"就是变得很不好，每天三心二意，不学习，不工作，每天追求的都是吃喝玩乐，吸毒或者色情的等不健康的东西。

生：听摇滚乐怎么就会堕落呢？

师：阿华说，在那个时代的老一辈人眼里，摇滚乐的风格太奇怪，跟传统音乐太不一样。

生：你说摇滚乐的风格太奇怪，风格是什么意思？

师：我们以前学过"作风"，"风格"跟"作风"的意思差不多，但"作风"常常是说一个人，一个公司，一个政府，我们说一个人的工作作风，生活作风等等。"风格"常常是说一种艺术，比方说音乐风格，建筑风格，画画的风格，写作风格等等。

生：我懂了，我喜欢中国唐朝的建筑风格。

师：是吗？现在在中国，建一个欧洲风格的房子很时髦。

生：那摇滚音乐的风格跟传统的中国音乐是很不一样，可也不能说听摇滚乐就堕落吧？

师：你知道，年轻人总是不满，摇滚音乐的风格正好可以表达年轻人的这种感受，让老一辈人觉得年轻人更叛逆。

生：叛逆？叛逆是什么意思？

师：说一个人叛逆，就是说他的想法跟传统的或者跟大多数人的都不一样。如果大家都在歌颂社会主义，要是有人认为社会主义不值得歌颂，大家就会觉得他很叛逆。
生：哦，这就是"叛逆"。孩子长到十几岁的时候，就变得叛逆了，开始不听父母的话了，总是喜欢用奇怪的方式表现自己的个性和想法。
师：可不是嘛，这个年纪的孩子，叛逆起来，总是让家长和老师伤脑筋。
生：以前老一辈的人不让孩子听摇滚乐，是怕他们越听越叛逆，更怕他们堕落。
师：是啊，不过，他们还是偷偷地听。
生：偷偷听，就是听的时候不让父母或者老一辈知道，对吧？
师：对，"偷"是个动词，如果不是你的东西，可是你很想要，没人看的时候你把这个东西拿走了，你就算是偷了别人的东西。
生：如果你偷了别人的东西，那你就是个小偷。
师：是，而"偷偷"是个副词，比方说我妈妈不让我上网跟别人聊天，我在她睡觉的时候，偷偷上网。
生：我懂了，我太太怕我吃得太胖，不让我吃甜的东西，可是我总是在他不注意的时候偷偷吃。
师：咳，真难想象以前台湾的年轻人听音乐还得偷偷听，真可怜。

对话三 问题

1. 从对话中，我们知道：
a. 阿华、阿华他爸和丹尼都是披头四的歌迷
b. 在丹尼看来，披头四不是音乐天才
c. 披头四的专辑阿华没有收集

2. 根据对话，阿华他爸听摇滚音乐的那个时代，大陆的年轻人听的、唱的是：
a. 歌颂毛泽东的歌
b. 美国的流行歌
c. 披头四的音乐

3. 二三十年前，老一辈反对年轻人听摇滚乐，因为他们认为：
a. 摇滚乐让年轻人非常震撼
b. 摇滚乐让年轻人开始堕落
c. 摇滚乐让年轻人身体不健康

4. 根据对话，下面哪个不是摇滚乐的特点？
a. 唱摇滚乐好像是呐喊
b. 摇滚乐常常表达无奈和不满
c. 摇滚乐总是表达邪恶的东西

5. 根据对话，下面哪个说法不对？
a. 保守的老年人不喜欢摇滚乐的风格
b. 丹尼和阿华很叛逆，所以喜欢摇滚乐
c. 阿华和爸爸之间有很好的交流

Table of Contents

第一課 中國人眼中的英雄 5
    對話一 5
    對話二 6
    對話三 7
    對話三　老師講解 8

第二課 女人能頂半邊天 11
    對話一 11
    對話二 12
    對話三 14
    對話三　老師講解 15

第三課 孩子，我要你比我強 18
    對話一 18
    對話二 19
    對話三 20
    對話三　老師講解 21

第四課 中國的民間組織與民間活動 25
    對話一 25
    對話二 26
    對話三 28
    對話三　老師講解 29

第五課 秘密 32
    對話一 32
    對話二 33
    對話三 35
    對話三　老師講解 36

第六課 遲來的幸福 40
    對話一 40
    對話二 41
    對話三 43
    對話三　老師講解 43

第七課 美國夢 47
    對話一 47
    對話二 48
    對話三 50
    對話三 老師講解 51

第八課 學成語 55
    對話一 55
    對話二 57
    對話三 58
    對話三 老師講解 59

第九課 俗語和順口溜 63
    對話一 63
    對話二 64
    對話三 66
    對話三 老師講解 67

第十課 談"吃" 71
    對話一 71
    對話二 72
    對話三 74
    對話三 老師講解 75

第十一課 中國的搖滾歌手崔健 79
    對話一 79
    對話二 80
    對話三 82
    對話三 老師講解 83

第一課 中國人眼中的英雄

對話一

A. 爸，你年輕的時候，也喜歡打球嗎？

B. 什麼球，籃球嗎？

A. 當然是籃球啊！你長得這麼高，打籃球最好了。

B. 咳！那都是年輕時候的事了。現在我老了，跑得太慢，打不動了！人家麥可喬丹打到三十多歲就不打了，你看看我，都已經快五十歲了，哪還能打籃球啊！

A. 那不一樣，麥可喬丹是職業球員，打球是他的工作，是為了賺錢。我們不是職業球員，我們打球是為了玩。

B. 每天打打球是很好玩。上次你說你們學校有幾個球隊？

A. 有四個籃球隊，另外，還有兩個足球隊。

B. 那麼多球隊啊？那每個球隊有多少個球員？

A. 不一定，一般來說，一個球隊都有十幾個球員。

B. 你們有球賽嗎？哪天我去看你們的球賽，怎麼樣？

A. 好啊。我們學校差不多每個星期都有兩三場球賽，當然歡迎你來看我們打球，給我們加油。對了，星期六我們要練習，你可以來跟我們一起玩。

B. 你不覺得我太老了嗎？

A. 你還年輕得很呢，別說自己老了。我同學他爸爸也跟我們打過，大家都玩得高興得很。

B. 哦？好吧，我這個星期六就跟你們一起打。

1. 關於對話中的女兒，下面哪個不對？
a. 她常常打球賺錢
b. 她希望爸爸和她一起打籃球

c. 她認為爸爸還年輕

2. 對話中說麥克喬丹是一個職業球員，意思是：
a. 麥克喬丹是一個很好的球員
b. 麥克喬丹賺了很多錢
c. 打球是麥克喬丹的工作

3. 關於對話中的"爸爸"，下面哪個不對？
a. 他認為自己已經老了
b. 他年輕的時候喜歡打籃球
c. 他年輕的時候是一個職業球員

4. 根據對話，關於女兒的學校，下面哪個不對？
a. 學校的籃球隊比足球隊多
b. 學校籃球隊的球員比足球隊多十幾個
c. 學校差不多每星期都有兩三場球賽

5. 爸爸這個星期六可能會做什麼？
a. 可能去打球賺錢
b. 可能和女兒的球隊一起打球
c. 可能和女兒一起看職業球賽

對話二

A. 你聽說了嗎？小麗一家出車禍了。

B. 聽說了，小麗的父母都在車禍中去世了，真是太不幸了。

A. 我早就告訴她爸爸喝了酒以後別開車，可能會出車禍，可是他就是不聽。

B. 是啊，要是他早聽你的，就不會發生這麼不幸的事了。還好，小麗沒事。

A. 沒事是沒事，可她以後怎麼辦呢？才三歲，就沒有父母，成了一個孤兒。

B. 是啊，父母對孩子的一生影響是很大的。小麗這一生，才剛開始，就沒有了父母，發生了這樣的不幸。唉…

A. 我們都是小麗父母的好朋友，他們去世了，我們以後得多關心他們的女兒。

B. 那當然，但我認為最重要的還是幫小麗再找一個家。

A. 我同意。

1. 根據對話，關於小麗，下面哪句不對？
a. 小麗現在很不幸
b. 小麗現在是一個孤兒
c. 小麗去世了

2. 根據對話，關於小麗的父母，下面哪個不對？
a. 小麗的父母很聽朋友的話
b. 小麗的父母去世了
c. 小麗的父母出車禍了

3. 根據對話，小麗的父母出車禍是因為：
a. 開車開得太快
b. 喝酒以後開車
c. 開車時太難過

4. "小麗成了孤兒"意思是：
a. 小麗成了沒有爸爸媽媽的孩子
b. 小麗的生活很不幸
c. 小麗出了車禍

5. 根據對話，下面哪句不對？
a. 說話人認為小麗成了孤兒是件很不幸的事
b. 說話人認為父母對孩子一生的影響很大
c. 說話人要當小麗的新爸爸新媽媽

對話三

A. 唉，小李，怎麼這麼沉默，半天都不說話，是不是不高興啊？

B. 沒有啊，我從小就是個安靜的孩子，不喜歡說話，總是安安靜靜地看書、看電視。

A. 是嗎？我跟你可不一樣，我小時候整天又跑又跳的。

B. 看你的樣子就知道你小時候很頑皮。

A. 是啊，有一次，我還踢了別的孩子，把那孩子的腿都踢壞了。

B. 真的啊，小王，你怎麼能這樣，那，後來呢？

A. 後來我媽把她存了好幾年的錢，都給了那個孩子的父母，讓他們帶那孩子看醫生。

B. 那個孩子的腿好了嗎？是不是恢複得跟以前一樣？

A. 我也不知道恢複得怎麼樣，那件事發生以後，我們只好搬家，一家人帶著大包小包的行李，搬到另一個地方住。

B. 還得搬家啊！你真不該踢人家那個孩子呢。

A. 但他總是笑我穿的衣服不好，說我媽不愛我，不給我買好衣服。

B. 這個孩子也真是的，怎麼能說這樣的話？不過，你小時候穿的衣服真的不好嗎？

A. 是啊，不過那當然不是因為我媽不愛我。

B. 那是因為什麼呢？

A. 是因為我媽小時候生活貧窮，長大以後有錢了，她還覺得衣服只要能穿就行了，不用買太貴的，也不用想它流行不流行。

B. 我媽和你媽一樣，也是來自貧窮的家庭。

A. 雖然我媽來自貧窮的家庭，但她很無私，她不給自己的孩子買好衣服，卻常常捐錢幫助別人。

B. 我媽比你媽自私一點。有一次，我爸想給一個孤兒捐點錢，我媽不同意，她說那些錢要存下來給我上大學，不能捐出去。

A. 也不能說你媽媽自私，媽媽都太愛孩子了。哎，我媽媽已經去世了，說真的，我好懷念她啊。

B. 我想那是一定的。

對話三 老師講解

生：這個對話一開始，男說話人小王問小李"怎麼這麼沉默？"沉默是什麼意思？
師："沉默"意思是一個人不說話，或者不愛說話。
生：哦，所以說"小李今天很沉默"，意思就是"小李今天不愛說話，很安靜"。
師：對，比方說，星期一上課，學生都有點累，比較沉默，沒有平時那麼活潑。
生：那小李今天為什麼那麼沉默？她不高興嗎？
師：不是，她說她從小就比較沉默，不像小王小時候那樣頑皮。
生："頑皮"是什麼意思？
師："頑皮"常常是說小孩子不安靜，喜歡開玩笑，常常給別人帶來麻煩，頑皮的學生可能會讓老師覺得比較難管理。
生：哦，小王小時候很頑皮嗎？
師：對呀，他常常給媽媽帶來麻煩。有一次他把另一個孩子的腿都踢壞了。
生：踢壞了？"踢"是什麼意思？
師：你知道，要是一個小孩子不高興，他就用手打人，用腳踢人。
生：哦，我知道了，我們用手打籃球，用腳踢足球。
師：對了，小王把人家小孩的腿踢壞了，他媽媽只好把家裡存的錢都拿出來給那個小孩看病。
生："家裡存的錢"，"存"是什麼意思？
師："存"就是把錢或者別的東西留起來，等以後有需要的時候再用。小王的媽媽可能一點一點地存了一些錢。
生：哦，他媽媽把存的錢都給那個孩子看腿了，唉，小王也真是的。
師：是啊，就因為這，他們只好搬家。又要找房子，又要收拾行李，搬東西。
生："搬家"我知道，就是搬到另一個地方住，你說收拾行李，"行李"是什麼？
師：你出去旅行得帶一些東西，比方說衣服，一些用的東西等等，這些東西放在一個個包裡，就是行李。
生：哦，他們帶著很多行李，就是帶著很多東西。
師：是啊，因為小王他們搬家了，所以小王不知道那個男孩子的腿是不是恢複了。
生："腿是不是恢複了"，"恢複"是什麼意思？
師：一個人原來身體很好，有病以後，病好了，就是身體恢複了。
生：那個男孩的腿被踢壞了，後來他的腿恢複了，意思就是他的腿跟以前一樣好了，是不是？
師：對，還可以說恢複關係，比方說你跟一個好朋友因為一件事生氣不說話了，過了一段時間又好了，可以說你們的關係又恢複了。
生：那小王為什麼要踢那個男孩子的腿呢？
師：因為小王穿的衣服不好看，不太流行，那小孩說小王的媽媽不愛小王。
生：衣服不流行？流行是什麼意思？
師："流行"就是一個新的事情或新的東西，在一段時間裡有很多人喜歡，很受大家歡迎。比方說年輕人都喜歡唱流行歌。
生：哦，我懂了，今年流行藍色，我看很多女孩子都穿藍色的衣服。那為什麼小王的媽媽不給他買流行的衣服呢？
師：因為小王媽媽小時候家裡比較貧窮，她現在還覺得衣服只要能穿就行，不用管它是不是流行。
生：你說"小王的媽媽小時候家裡比較貧窮"，"貧窮"就是沒有錢，對吧？
師：對，你也可以說"生活很窮"。小王的媽媽小時候很貧窮，現在雖然她有了自己的孩子，可是她總是很無私地幫助別的貧窮的孩子。
生："無私"是什麼意思？
師："無私"就是總是為別人想，幫助別人，不為自己想。
生：我懂了，我的朋友總是很無私地幫助我。世界上最無私的愛就是媽媽的愛。
師：對呀，媽媽總是把自己全部的愛都無私地給了孩子，為了自己的孩子，媽媽有時可能會有點兒自私。

生：" 自私 " 跟無私相反，就是只為自己或者自己的家人想，對吧？
師：對，小李說他媽媽比小王的媽媽自私一點。
生：為什麼呢？她怎麼可以說自己的媽媽自私呢？
師：她說她媽媽不想給孤兒捐錢，想把錢存下來給她上大學用。
生：給孤兒捐錢，捐錢是什麼意思？
師：捐錢，就是把自己的錢給那些需要幫助的人。你也可以捐衣服或者別的東西。
生：所以說，小李的媽媽不想給孤兒捐錢，而小王的媽媽很無私，總是捐錢幫助別人，對吧？
師：是啊，小王的媽媽去世了，小王說他很懷念他的媽媽。
生："懷念"是什麼意思？
師：在你生活中出現過的人，發生過的事，你很喜歡，後來還常常想起來，這就是懷念。
生：哦，我現在最懷念小時候的生活了，不用上課，沒有考試，每天吃了玩，玩了吃。真好！

對話三問題：

1. 根據對話，下面哪句不對？
a. 女孩小李比男孩小王安靜
b. 男孩小王比女孩小李頑皮
c. 男孩小王總是很沉默

2. 小王把一個孩子的腿踢壞以後，根據對話，下面哪個不對？
a. 小王的媽媽把幾年存的錢給了那個孩子的父母
b. 那個孩子的腿恢複得跟以前一樣好
c. 小王一家帶著很多行李搬家了

3. 小王把那個孩子的腿踢壞了，因為：
a. 那個孩子總是笑小王的衣服不好
b. 小王的媽媽不給孤兒捐錢
c. 小王很頑皮，喜歡踢別人

4. 女孩小李的母親不給孤兒捐錢是因為：
a. 她要存錢給女兒上大學
b. 她很自私，從來不幫助別人
c. 她很無私，也很貧窮

5. 關於男孩小王的媽媽，下面哪個不對？
a. 她已經去世了，小王很懷念她
b. 她很無私，常常捐錢幫助別人
c. 她有了孩子以後，生活很貧窮，沒錢買流行的新衣服

第二課 女人能頂半邊天

對話一

A. 你知道嗎，小麗，最近這幾年色情行業在上海、北京等大城市是個很大的問題。

B. 什麼色情行業？

A. 哎呀，連色情行業你都沒聽說過？女人為了賺錢，陪男人跳舞、喝酒、睡覺，這就是做色情行業。當然也有男人做色情行業的。

B. 哦，我一直生活在農村，真不知道在城市裡竟然有色情行業。這些女人為什麼喜歡往色情行業裡跳，在別的行業裡找個工作不行嗎？

A. 在別的行業不容易賺錢嘛！你說，在餐廳裡做服務員，一個月才能賺多少錢啊？

B. 話是沒錯，但你給我再多錢，我也不願意陪陌生男人跳舞，喝酒，睡覺。

A. 你想陪，人家還不一定要你陪呢！做色情小姐，得長得漂亮，也得知道怎麼讓自己看起來性感。

B. 我長得也不難看啊，要性感，少穿點衣服不就性感了嗎？

A. 沒那麼簡單，還有，你太沉默了，做色情小姐得喜歡開口說話，願意跟別人交流。

B. 哎呀，小張，你們城裡人講究吃，講究穿，怎麼找小姐也這麼多講究啊？

A. 那當然。城裡人幹什麼都很講究，吃要吃好的，穿要穿貴的，找小姐要找漂亮、性感的，最好是上過大學的。

B. 什麼？上過大學還會去幹色情行業？

A. 所以我說這是個問題嘛！

1. 小張和小麗在討論：
a. 怎樣可以看起來性感
b. 城市色情行業的問題
c. 做色情行業為什麼可以賺錢

2. 關於色情行業，下面哪個是女說話人小麗的看法：
a. 她不同意為了賺錢做色情行業
b. 她覺得自己長得不難看，願意做色情行業
c. 她認為色情行業可以賺很多錢，值得做

3. 男說話人小張認為小麗做小姐不行，因為：
a. 小麗不漂亮、不性感
b. 小麗不是大學生
c. 小麗太沉默，不喜歡跟別人交流

4. 根據對話，很多女人做色情行業是因為：
a. 他們太漂亮、太性感
b. 做色情行業更容易賺錢
c. 他們生活在城市，很講究

5. 如果我們 說一個人找小姐也很講究，意思是：
a. 這個人吃要吃好的，穿要穿貴的
b. 這個人在色情行業工作
c. 這個人對要找的小姐有很多要求

對話二

A. 大為，你有沒有聽說過中國的獨生子女政策？

B. 沒有啊，安妮，你給我說說？

A. 所謂獨生子女政策，就是一家一個孩子的政策。因為中國人口太多了，政府要用這個政策來控制人口增長。

B. 真的呀，中國政府連人們生孩子都要管？好在我是美國人，要不然我爸爸媽媽就只有我哥哥，沒有我，更別說我妹妹了。

A. 中國政府也是沒辦法，你知道，中國的人口太多了，如果不控制人口增長，經濟就不能發展。

B. India 的人口也很多，他們有沒有這個獨生子女政策？

A. 印度沒有這個政策，所以他們的人口增長得很快，有人說 2035 年以後，印度的人口會比中國還多。

B. 看來印度也得學中國，開始獨生子女政策嘍。

A. 不過這個政策也給中國社會帶來很大的問題。

B. 哦？什麼問題？

A. 男女比例問題，中國現在的男女比例差不多是一百一十五比一百。

B. 為什麼會有這樣的問題呢？

A. 這主要是因為傳統觀念。你知道，中國人都一定要有個男孩子。

B. 這樣下去，中國的男女比例問題會越來越嚴重。

A. 也不一定，中國人的觀念在改變，漸漸地他們會發現男孩女孩都一樣好。

B. 希望會這樣。另外，我覺得這個獨生子女政策也不能太嚴格了，要不然，以後中國人口中老人的比例也會越來越大。

A. 我同意。聽說現在這個政策已經改變了一些，如果一個人是獨生子，太太是獨生女，他們可以生兩個孩子。

B: 嗯，這樣好。

1. 關於女說話人安妮，下面哪個不對？
a. 安妮幫助大為認識中國的獨生子女政策
b. 安妮說她是一個獨生女
c. 安妮認為中國人一定要有男孩的這個觀念會慢慢改變。

2. 中國政府的獨生子女政策是為了：
a. 控制人口增長
b. 控制男女比例
c. 控制經濟發展

3. 根據對話，關於印度和中國，下面哪個不對？
a. 現在印度人口比中國人口多
b. 現在印度人口增長比中國快
c. 現在印度政府沒有控制人口增長

4. 下面哪個問題不是因為獨生子女政策？
a. 男女比例是１１５：１００
b. 老人的比例增大
c. 一家一定要有個男孩子

5．關於男女比例問題，大為認為：
a. 這個問題在中國有可能會越來越嚴重
b. 印度應該學習中國，控制男女比例
c. 這個問題沒有老人比例增大的問題嚴重

對話三

A. 老王，聽說你們家兒子娶了個律師做太太，每個月賺的錢比你兒子多多了吧！

B. 錢賺得多有什麼用？她這個女強人啊，每天都忙得不得了，家裡的事都是我兒子做！

A. 你兒子對太太這麼好，嫁給他做太太真不錯啊！

B. 唉！我兒子也沒辦法。結婚以前他告訴我他要娶這個又漂亮又能幹的女孩，我當然高興，可一知道她是一個律師，我馬上就反對。

A. 為什麼呀？你不喜歡律師？

B. 你說，要是一個女人做律師，哪還有時間照顧家裡？所以呀，老李，娶太太千萬不能娶女強人。

A. 唉，他們倆好就行了，我們做父母的最好別管太多。

B. 他們要結婚我可以不管，但這次他們要墮胎，我可一定得管！

A. 什麼？她懷孕了？那為什麼要墮胎呢？是個女孩子嗎？

B. 不知道是男孩還是女孩，現在懷孕以後，醫院裡不告訴你孩子的性別了。太多人知道是女孩後就想辦法把孩子墮了。

A. 這麼說來，他們墮胎不是因為想要男孩？

B. 我兒子他們沒有重男輕女的觀念，男孩女孩對他們來說都一樣。現在都已經二十一世紀了，什麼都講究男女平等。

A. 對對對，你兒子他太太自己就是個女強人！那他們為什麼要墮胎呢？

B. 還不就是為了工作嘛！有了孩子在工作上就做不成女強人了！

A. 那怎麼行？為了工作就不要孩子，這樣的觀念怎麼能讓人接受。我看，你得跟你兒子他們好好說說。

B. 我已經告訴他們我反對墮胎，我要有個孫子。

A. 你說他們會聽你的嗎？

B. 我也不知道，唉，真讓人傷腦筋，怎麼辦呢？！

對話三　老師講解

生：這個對話開始的時候說"娶個太太"，又說"嫁給他做太太"，這"娶"和"嫁"是一樣的意思嗎？
師：噢，不一樣，"娶"是說一個男人結婚，"嫁"是說一個女人結婚。
生：哦，可以說一個男人娶了一個太太，娶了一個漂亮的女孩子，但你不能說一個女人娶了一個先生；你得說一個女人嫁了一個先生，嫁給了一個律師。
師：對了，"嫁"還有一個用法，你可以說一個父親把女兒嫁給了一個貧窮的老師。
生：那這個對話裡，老王的兒子娶了一個什麼樣的太太？
師：老王的兒子娶了一個女強人做太太。
生："女強人"？"女強人"是什麼意思？
師："女強人"就是很聰明，很能幹，在工作方面非常成功的女人。
生：那女強人每天忙工作，哪有時間照顧先生，照顧孩子呢？
師：是啊，所以老王反對兒子娶一個律師做太太。
生："反對"就是不同意，對吧？
師：對，比方說我認為姚明比雷鋒更值得尊敬，可是我父母一定會反對我的看法。
生：那當然，年輕人的想法常常會受到老一輩的反對。
師：是啊，現在兒子的太太懷孕了，可是她要墮胎，老王當然非常反對。
生：等等，"懷孕"我知道就是一個女人肚子裡有了孩子，那什麼是"墮胎"呢？
師："墮胎"就是女人懷孕以後，又不想要肚子裡的孩子，就把孩子拿掉了，所以孩子沒出生就死了。
生：哇，怎麼能這樣呢？
師：你知道現在中國有一家一個孩子的政策，所以很多人墮胎，因為他們重男輕女，想要個男孩子。
生："重男輕女"就是把男孩子看得比女孩子重要，對吧？
師：對，在中國女孩子長大嫁給男人以後，就離開父母了，生的孩子要姓先生家的姓，所以如果這家只有女孩子，以後就沒有孫子，沒有後代了。
生：這麼說來，為了要個男孩子，要是一個女人知道自己肚子裡懷的是女孩，都要去墮胎了？
師：以前可能，但現在多半的醫院不會讓一個懷孕的女人知道她孩子的性別了。

生："孩子的性別"，"性別"是什麼？
師："性別"就是一個人是男的還是女的。"孩子的性別"就是說孩子是男孩子還是女孩子。
生：哦，我懂了，醫院不告訴父母孩子的性別，那些懷孕的人就沒辦法決定要不要墮胎了。
師：是啊，不過老王的兒子和太太認為男女平等，他們不是因為懷了女孩子才要墮胎的。
生：你說他們認為男女平等，"男女平等"是什麼意思？
師："男女平等"就是認為男人和女人一樣重要，一樣能幹，誰也不能控制誰。
生：哦，我可以說白人和黑人是平等的，老師和學生之間是平等關係，對吧？
師：對，二十一世紀了，人人都是平等的。
生：二十一世紀？世紀是什麼意思？
師：一個世紀就是100年。現在是2006年，就是二十一世紀，1900年到1999年都是二十世紀。
生：哦，所以說新世紀人人平等，男女當然也平等，老王的兒子和太太不重男輕女，那他們為什麼還墮胎呢？
師：是因為他們覺得有孩子會影響工作，你知道這個太太是個女強人。
生：那怎麼行？不管是二十一世紀還是二十世紀，人都得要孩子，老人都想要孫子。
師：對呀，所以老王這幾天一直在為這件事傷腦筋。
生："傷腦筋"？什麼是"傷腦筋"？
師：我們常常說為一件事傷腦筋，意思就是這件事讓人很頭疼，不知道怎麼辦，一直想啊，想的。
生：哦，我媽媽常常為錢傷腦筋，你知道我們家只有她一個人工作，而我還有兩個妹妹準備要上大學。
師：對呀，你可以說為一件事傷腦筋，也可以說一件事讓人傷腦筋。
生：那兒子和太太決定要墮胎的事讓老王很傷腦筋，對吧？
師：對，老王不能接受沒有孫子這件事。她一定要有個孫子。
生：你剛才說"不能接受沒有孫子這件事"，"接受"是什麼意思？
師："接受"就是你同意要，你不反對。比方說，我送給你一件衣服作為生日禮物，你接受了，這件衣服就是你的，你不接受，就還是我的。
生：那還可以接受一件事，接受一種看法，對吧？
師：對，接受你的看法，就是同意你的看法，接受你的安排，就是同意你的安排，也就是你怎麼安排，我就怎麼做。
生：所以說老王不能接受沒有孫子這件事，意思就是老王不同意他們墮胎，老王一定要有一個孫子。
師：對了！

對話三 問題

1. 關於老王兒子娶的太太，下面哪個不對？
a. 她常常為家裡的事忙
b. 她是個女強人
c. 她又漂亮又能幹

2. 老王兒子的太太懷孕了，孩子的性別是：
a. 男孩
b. 女孩
c. 不知道

3. 老王在兒子結婚的時候，反對兒子娶那個女孩，因為：
a. 這個女孩子不能幹、不漂亮
b. 這個女孩子重男輕女、以後要墮胎
c. 這個女孩子工作太忙，沒有時間照顧家裡

4. 老王兒子的太太要墮胎，因為：
a. 以前老王反對他們結婚，她不想給老王生孫子
b. 要做女強人，不想生孩子
c. 重男輕女，想要個男孩子

5. 根據對話，下面哪個不對？
a. 老王的兒子很聽媽媽的話
b. 懷孕以後，醫院不會告訴你孩子的性別
c. 老王不能接受為了工作不要孩子的觀念

第三課 孩子，我要你比我強

對話一

A.（女）老李，上次你說你的書要出版了，我在書店裡怎麼找都找不到！ 到底出版了沒？

B. 還沒呢，快了，再過三四個月你再去書店裡看看。

A. 那太好了。你的書出版以後一定很暢銷，頭一個星期就能賣五六千本。

B. 我也希望我的書能暢銷，能有很多讀者。

A. 你放心，一定會有很多讀者的。你的書是教人怎麼培養孩子的，現在一家就一個孩子，每個家長都很關心對孩子的培養和教育。

B. 是啊！ 我希望關心孩子的家長們都會買這本書，都成為我的讀者。我的書給讀者提供了很多培養孩子的方法。

A. 哎，說真的，培養孩子可不簡單，跟孩子交流最讓人傷腦筋。

B. 是啊，小文，培養孩子要講究方法，不能太嚴格，要多鼓勵他們，跟孩子做朋友。

A. 嗯！你這個觀念很有意思，看來你的書真的值得看嘍。

1. 老李和老王在談什麼？
a. 怎樣可以出版一本暢銷書
b. 培養孩子為什麼讓人傷腦筋
c. 老李要出版的一本書

2. 關於老李要出版的這本書，下面哪個說法不對？
a. 這本書已經出版了
b. 這本書是關於培養孩子的
c. 這本書可能會有很多讀者

3. 對小文來說，培養孩子最難的是什麼？
a. 怎樣跟孩子交流
b. 怎樣鼓勵孩子
c. 怎樣幫孩子買書

4. 下面哪個最有可能是老王這本書的讀者？
a. 一個中學生
b. 一個中學生的老師
c. 一個中學生的爸爸

5. 根據對話，下面哪個不對？
a. 跟孩子做朋友對小文來說也許是個新觀念
b. 老王認為培養孩子，家長一定要很嚴格
c. 老王的書給讀者介紹培養孩子的方法

對話二

A. 老王，你聽說了吧，小明考上了哈佛，真沒想到，像小明這麼笨的孩子，竟然能進名校念書。

B. 唉，老李，你怎麼說小明笨呢？能申請上哈佛這樣的名校，應該很聰明啊！

A. 你不知道，我常常跟小明的爸爸聊天，小明小時候每次考試只能考個三四十分，比我的孩子差多了，我以為他連名校根本都不敢申請呢。

B. 哈！真的啊！我沒想到他小時候是個讓人傷腦筋的孩子呢！

A. 是啊！誰能想到這些學校不但要他，還給他獎學金。他上大學，他爸媽連一分錢都不用花。

B. 這些名校是不會要笨學生的，你不能光看考試，我相信小明一定很聰明。

A. 我看他是因為籃球打得好才申請到獎學金的。

B. 只會打球，不會讀書是申請不上名校的。我看，小明小時候只是不用功，不喜歡考試。長大了，知道用功，就不一樣了。

A. 嗯，你說的也有道理，小孩子哪有不想玩的？頑皮、不用功是免不了的。

B. 所以說嘛，孩子小時候笨不見得就真的笨，小時候學習好，也不見得就能考上名校。申請名校啊，看的不只是學習的好壞。

A. 唉，我的孩子明年也要申請大學了，他學習一直很好，聽你這麼說，我應該多鼓勵他參加課外活動，這樣申請名校才更有希望啊。

1. 說話人老李認為小明是個笨孩子，因為：
a. 小明籃球打得不好
b. 小明申請上了一個名校
c. 小明小時候考試考得很差

2. 關於小明，下面哪個不對？
a. 小明籃球打得很好
b. 小明申請上了一個名校
c. 小明小時候學習很用功

3. 根據對話，小明申請到了名校的獎學金，可能是因為：
a. 小明很聰明，而且籃球打得很好
b. 小明的父母很貧窮，一分錢都沒有
c. 小明小時候很頑皮、不用功

4. 根據對話，關於說話人老李，
a. 過去可能不重視孩子的課外活動
b. 他的孩子也申請到了名校的獎學金
c. 他的孩子很笨，但很用功

5. 根據對話，下面哪個說法不對？
a. 老王認為小明小時候不笨
b. 老王認為小明進名校不只是因為籃球打得好
c. 老李認為他的孩子只要學習好，一定也能念名校

對話三

A. 哎，你怎麼能打孩子呢？別打別打！有話跟她好好說嘛！

B. 不打不成器嘛！你看看，小麗她這次考試竟然只給我考了二十分。把我給氣死了！

A. 別生氣，別生氣，二十分就二十分，你別那麼重視考試嘛！

B. 當然要重視考試了，現在競爭這麼激烈，考試考不好，以後怎麼上名校？

A. 上不了名校有什麼大不了的，我只要我們孩子高高興興地生活。

B. 小麗都是讓你給嬌慣壞了！你看看她，一點都不知道用功。我每個月花那麼多錢給她請家教，給她補習，她竟然只考了二十分，氣死我了！

A. 唉，周末哪個孩子不想輕鬆一下，好好玩一玩，你卻逼小麗去補習，她能用功嗎？我看啊，你花的錢一點用都沒有。

B. 那你說我們怎麼辦？她那麼笨，在學校學不好，不請家教怎麼能行？

A. 誰說我們小麗笨，她還小，總想玩，討厭學習，等她大一點，知道學了，考試一定能考好。

B. 你就會嬌慣她，現在不讓她吃苦，長大以後，她上不了好大學，找不到好工作，她這一生會有吃不完的苦。

A. 誰說上不了好大學就找不到好工作？人家比爾.蓋茨大學也沒畢業呀？

B. 有幾個人能像比爾.蓋茨？

A. 我的意思是教育孩子得講究方法，你這樣逼她、打她，她會更討厭學習，也會越來越孤僻，到時候她不愛說話，一個朋友也沒有，你會高興嗎？

B. 那你說我該怎麼教育？

A. 我們應該看一些培養孩子方面的書，也得跟別的父母交流交流。

B. 好吧，我聽你的。

對話三 老師講解

生：這個對話一開始小麗的媽媽在打她，爸爸說"有話好好說嘛"，這"有話好好說嘛"是什麼意思？
師：要是有人跟你生氣，想打你，你可以說"有話好好說嘛"，意思是別生氣，別打人，坐下來，好好談談。
生：那媽媽為什麼打小麗呢？
師：因為小李考試考得不好，媽媽相信"不打不成器"。
生："不打不成器"是什麼意思？
師："成器"就是成為一個有用的人，變得很成功。"不打不成器"意思是小孩子不聽大人的話，或者做了不好的事就得打他，要是不打，他長大以後就不會成功。
生：小麗的媽媽打她，是想讓她知道要好好學習，考試考好了，以後才能成功。
師：對，小麗的媽媽非常重視她的考試，重視她的成績。

生：“重視”是什麼意思？
師：“重視”就是看得很重要。“我很重視工作”，意思是我覺得工作很重要，我總是想把它做好。
生：我不重視學習，就是我覺得學習好不好不重要。
師：對，小麗的媽媽很重視學習，給小麗請了家教。
生：家教？什麼意思？
師：家教，就是家庭教師，就是除了在學校學習，你的父母還給你請了一個老師到你家裡來教你。
生：我懂了，我需要請一個數學家教，我的數學不好。
師：是嗎？讓你媽媽也給你請個家教吧。小麗的媽媽就給小麗請家教幫她補習功課。
生：“補習”，“補習”是什麼意思？
師：“補習”就是在學校學得不好，下課以後再多花一些時間學習，多做一些功課，這樣可以學得更好一些。補習可以請家教教你，也可以到一個補習班去上課。
生：那這麼說來，如果請家教補習，從學校回來以後，甚至連周末，都得學習，不能好好休息嘍？
師：是啊，小麗當然不想跟家教補習功課，可是她媽媽逼她去。
生：你說她媽媽逼她去，“逼”是什麼意思？
師：“逼”就是讓一個人去做他不願意做的事。比方說，我先生不想陪我買東西，我就逼他去。他不去我就生氣。
生：哈哈，你可真不是個好太太。
師：在中國，要是已經有了一個孩子，再懷孕的話，中國政府會逼她墮胎。
生：哦，那小麗的爸爸媽媽逼小麗跟家教學習，小麗一定很不高興吧？
師：是小麗的媽媽逼她，她的爸爸不逼她，所以媽媽覺得爸爸在嬌慣小麗。
生：“嬌慣”是什麼意思？
師：孩子要什麼就給什麼，想做什麼就讓他做什麼，這就是嬌慣孩子。這樣下去，孩子就被慣壞了。
生：對，孩子要是被慣壞了，他就自私，頑皮，不用功學習，讓父母很傷腦筋。
師：對呀，所以小麗的媽媽不要嬌慣孩子，要讓小麗多吃一些苦。
生：“吃一些苦”，什麼是“吃一些苦”？
師：“吃苦”就是碰到困難，經過很多難過的時候，做很多努力。比方說，我的父母小時候總是沒飯吃，沒有衣服穿，吃了很多苦。
生：中國的孩子為了上大學得吃很多苦，每天都學習，連周末都不能休息。
師：現在上大學，找工作等等都得競爭，要競爭，就得吃苦。
生：“競爭”是什麼意思？
師：要是一個公司只需要兩個新人，有100個人都要進這家公司工作，那這100個人就得比一比，誰最好，公司就會要誰。
生：我懂了，得到一個好工作得競爭，進一個好大學得競爭，拿到一個獎學金也得競爭。
師：是啊，現在社會哪裡都是競爭，中國學生考大學的競爭非常激烈。
生：你剛才說“競爭非常激烈”，“激烈”是什麼意思？
師：我們常常說競爭很激烈，意思是有很多人來競爭，而且大家的競爭力都很強。
生：哦，中國學生考大學的競爭很激烈，意思是中國學生都很努力，競爭力很強，要是一個學生不努力，他就很難考上大學。
師：對，因為考試的競爭很激烈，所以媽媽讓小麗周末的時候跟家教補習，可是小麗討厭跟家教補習。
生：討厭跟家教補習？"討厭"是什麼意思？
師："討厭"就是不喜歡。比方說我討厭冬天，因為太冷了，不能出去玩。
生：我不討厭冬天，因為我喜歡下雪。說真的，小麗是個小孩子，討厭在周末的時候補習功課，這一點都不奇怪。
師：是啊，小孩子哪個不想周末的時候好好輕鬆一下。
生："輕鬆一下？""輕鬆"是什麼意思？
師："輕鬆"就是不緊張，要是你為了考試忙了一個星期，很緊張，現在考試完了，可以說考完試以後你很輕鬆。或者你說你想去輕鬆輕鬆，看看電影，或者看看朋友，打打球等等。
生：我懂了，我緊張的時候常常聽輕鬆的音樂，這樣很快我就不緊張了。
師：對，太緊張對身體不好，小麗的爸爸說如果總是逼小麗學習，會讓她越來越緊張，越來越討厭學習，小麗會變成一個孤僻的孩子。
生：孤僻的孩子？孤僻是什麼意思？
師："孤僻"是說一個人不喜歡跟別人打交道，總是很沉默，不跟人交流。
生：我知道那些經歷過家庭不幸的孩子，常常很孤僻。
師：是啊，孤兒比較容易孤僻，不喜歡跟人交朋友。

對話三 問題

1. 對話開始，小麗在哭，因為：
a. 她考試考得不好，她媽媽打她
b. 她不要跟家教學習，她媽媽打她
c. 她沒考上大學，她媽媽打她

2. 小麗考試只考了二十分，她爸爸認為：
a. 小麗長大以後會有吃不完的苦
b. 競爭太激烈，得給小麗請個家教
c. 孩子還小，考多少都沒關係

3. 關於小麗的爸爸媽媽，下面哪個不對？
a. 小麗爸爸媽媽都不希望小麗變得孤僻
b. 小麗的媽媽更重視小麗的考試結果
c. 小麗的媽媽比爸爸更講究培養孩子的方法

4. 關於小麗，下面哪個不對？
a. 小麗討厭學習，討厭媽媽逼她補習
b. 她現在沒有朋友，很孤僻
c. 她父母對怎麼培養孩子有不同的看法

5. 根據對話，下面哪個不對？
a. 小麗的爸爸不覺得小麗笨
b. 媽媽希望小麗和比爾蓋茨一樣，別上大學
c. 小麗周末也得跟家教學習，不能玩

第四課 中國的民間組織與民間活動

對話一

A.（男） 我今天看到報紙說，河南一個農村很多村民都得了艾滋病。

B. 艾滋病？真的，聽說得了艾滋病會死的。

A. 是啊，現在艾滋病在世界上是一個很嚴重的問題。

B. 一般在色情行業工作的人容易感染艾滋病，難道這個村也有色情行業？

A. 看來你對艾滋病還不太了解，艾滋病不一定跟色情行業有關係。這裡的村民都是因為賣血而感染上了艾滋病。

B. 賣血？賣血幹什麼？賣給誰呀？

A. 醫院裡很多病人都需要血，捐的血不夠用，醫院就得買血。這些村民生活很貧窮，也沒有什麼別的能力賺錢，只好賣血給醫院。

B. 農民生活這麼貧窮啊，那賣血怎麼感染上艾滋病了呢？

A. 你不知道，農村的衛生條件不好，衛生觀念也很差，賣血用的東西都不幹淨，而且一個人用了，常常另一個再用。所以，如果有一個人得了艾滋病，別的賣血的人也就感染上了。

B. 那，醫院裡用了這些血的病人，也會感染上艾滋病啊。

A. 可不是嘛，政府現在很重視這個問題，正在想辦法幫助這些村民。

B. 我認為領導應該幫助村民發展經濟，生活富裕了，他們就不會再賣血了。

A. 發展經濟顯然很重要，但現在政府必須馬上幫助村民了解艾滋病，這些村民以為艾滋病一定跟色情行業有關，他們不知道賣血的時候也會感染上艾滋病。

B. 嗯，你說得對。

1. 說話人在討論什麼？
a. 河南一個農村村民為什麼很貧窮
b. 河南一個農村的村民為什麼要買血
c. 河南一個農村的村民感染艾滋病的問題

2. 對話裡說到的村民為什麼感染上了艾滋病？
a. 村民有人做色情方面的工作
b. 村民有人在醫院工作，感染上了艾滋病
c. 村民在賣血的時候衛生條件不好

3. 根據對話，在下面哪個情況下，你感染艾滋病可能性最大？
a. 你用了艾滋病人捐的血
b. 你給一家醫院捐血
c. 你在一家醫院裡工作

4. 根據對話，下面哪個不對？
a. 農村的衛生觀念不好
b. 政府領導逼村民賣血
c. 村民不知道賣血也能感染艾滋病

5. 根據對話，兩個說話人都同意,現在政府最應該做的是：
a. 重視農村色情行業的問題
b. 幫助村民了解艾滋病
c. 幫助村民發展經濟

對話二

（咳嗽聲）

A.（男）小華，你咳嗽這麼厲害，怎麼不去看大夫呢？

B. 不用看大夫，我奶奶說，只要穿著紅色的衣服睡覺，病很快就好了。

A. 什麼跟什麼嘛！穿紅衣服能治病，這也太迷信了吧。

B. 可是．．．

A. 別可是了，快去看大夫吧。你奶奶他們老一輩人，年紀大了，有很多迷信觀念，你也這樣想，就太落後了。

B. 我知道我奶奶有很多老觀念，很落後，很迷信，我們一起出去旅遊的時候，她不願意住四樓，說是"四樓"聽起來像是"死樓"，要避免住四樓。我不願意去看大夫其實是因為我害怕。

A. 你害怕什麼呀？我看你很勇敢啊。

B. 你不知道，我看見血就害怕。一看見血就不想吃飯，不敢睡覺。

A. 這麼嚴重啊？那你去看中醫呀，中醫跟西醫很不一樣，你不會看到血的。

B. 真的？

A. 真的，相信我，你不會看到血的，何況你只是咳嗽，只要吃一些中藥就行了。

B. 那你認識不認識有經驗的中醫？

A. 我家附近的醫院有一個很有名的中醫，我奶奶常常找他看病，要不要我明天陪你去？

B. 那太好了，謝謝你啊，小文。

A. 不用謝，小華，我們倆還客氣什麼。

1. 根據課文，下面哪個不是迷信？
a. 穿紅衣服可以治病
b. 看見血不想吃飯
c. 住在四樓容易死

2. 小華咳嗽得很厲害，可是她不想去看大夫，因為：
a. 她太迷信，真的相信穿紅衣服可以治病
b. 她的觀念太落後，不相信大夫
c. 她害怕去醫院，害怕看到血

3. 小文讓小華去看中醫，因為：
a. 中醫比西醫迷信
b. 看中醫一般不會看到血
c. 西醫不能治小華這種病

4. 根據對話，下面哪個不對？
a. 小華不相信中醫
b. 小華沒有奶奶那樣迷信
c. 小華的奶奶認為應該避免住四樓

5. 根據對話，小文明天可能做什麼？
a. 陪小華買中藥
b. 陪小華看中醫
c. 陪小華看她奶奶

對話三

A. 老李，你是臺灣人，你對臺灣最近的總統選舉你有什麼看法？

B. 誰當總統都一樣，我根本不關心，這個問題啊，中國的國家主席可能更關心。

A. 哈哈，那臺灣獨立你也不關心？

B. 臺灣獨立的問題，我當然關心啊！但是現在我更關心政府的環境保護政策。

A. 哦？說給我聽聽，為什麼政府的環境保護政策很重要？

B. 你想啊，老王，臺灣不比你們大陸，臺灣這麼小，如果沒有樹，沒有水，缺乏一個乾淨的環境，大家怎麼生活呢？

A. 是啊，環境保護對臺灣很重要。但我認為保護環境得靠老百姓。政府能做什麼呢？

B. 我不同意你老王的看法。保護環境顯然是每一個人的責任，但不管是個人活動還是組織民間活動來保護環境，都需要政府的支持才行。

A. 政府怎麼支持呢？

B. 如果老百姓發現哪個工廠對環境不好，他們得通過政府來限制這個工廠的發展。

A. 對，這種問題，只能通過政府解決，民間組織沒有權利。

B. 還有啊，我認為，如果老百姓組織環境保護活動，政府可以給他們一些經濟上的幫助，這樣才能鼓勵更多的人來保護環境。

A. 唉，哪個政府都只重視經濟發展，不管環境問題，讓政府拿出來錢來解決環境問題，難啊。

B. 是啊，但民間環境保護活動離不開政府的支持，也就是說，如果政府不支持，不會有很多人參加的。

A．那，老李，在你看來，臺灣目前的政府支持環境保護嗎？

B．和以前比起來，現在政府的支持多了一些。你知道嗎，以前，政府根本不允許民間組織活動保護環境。

A．是嗎？這和大陸以前的情況差不多。，以前個人做什麼都可以，但你想組織大家一起做，政府是不會允許的。

B．社會每天都在進步，政府也在進步。希望我們的環境問題也很快可以改善。

對話三　老師講解

生：這個對話一開始，老王問老李對臺灣的總統選舉有什麼看法，這"總統選舉"是什麼意思？
師："總統"就是一個國家的最高領導人，美國叫總統，中國叫主席。
生：哦，我知道了，美國的第一個總統是喬治·華盛頓。中國的第一個主席，是毛澤東，你們叫他毛主席。那"選舉"呢？
師：誰來當總統，得讓大家決定，大家怎麼決定呢？大家來選舉，選一個人當總統。
生：也就是說可能有好幾個人都想當總統，他們互相競爭，讓大家從他們這幾個人中選一個人來當總統。
師：是啊，對話中說，臺灣正在進行總統選舉，但老李不關心誰當總統。
生：老李怎麼不關心總統選舉呢？誰當總統對臺灣獨立有很大的影響啊。
師：老李不關心總統選舉，可他關心臺灣獨立，但他更關心臺灣的環境保護政策。
生：環境保護政策？"環境"的意思我知道，我們生活在各種各樣的環境中，幹淨的水和空氣，很多樹和草等等，這些都是自然環境。
師：對，你還可以說社會環境，學習環境。比方說，你的學校附近很安靜，學校的管理也很好，學生都很努力，你可以說你們學校的學習環境很好。
生：那"保護"是什麼意思呢？
師：小鳥會保護它的蛋和孩子，不讓別的鳥或者動物靠近它們。如果晚上我和男朋友在外面走，我并會不害怕，因為我的男朋友很高大，他會保護我。
生：噢，我懂了，"環境保護"意思就是大家要愛這個環境，不讓任何東西弄髒我們住的地方，也不能把水和空氣弄髒了。我聽說，多種一些樹和草可以保護環境，讓空氣更幹淨。
師：對，環境保護，我們也說環保。老王認為保護環境是每一個人的責任。臺灣有很多民間組織，組織老百姓保護環境。
生：民間組織，什麼是民間組織？
師：民間的，意思就是不是政府的，是老百姓自己發展，自己組織的。
生：哦，民間環境保護組織，就是老百姓自己發展的組織，誰重視環境保護，誰就可以加入這個組織，一起保護環境。

師：對，不過老李認為民間環保組織也需要政府的支持才能發展得更好。
生：政府的支持？支持是什麼？
師："支持"就是同意而且也幫助。比方說我父母支持我大學畢業以後學法律，意思就是他們不但同意我大學畢業後學法律，而且也在精神上鼓勵我，在物質上幫助我，給我錢等等。
生：所以，民間環保組織需要政府的支持，意思是這些民間組織需要政府在經濟上、在政策上等等幫助他們。
師：對，因為老李說如果有一個工廠對環境不好，一個民間組織沒有權利限制這個工廠的發展，只有政府可以限制。
生：限制？"限制"是什麼意思？
師："限制"就是不讓一個人或者一個組織想怎麼做就怎麼做，對他們有一些要求。比方說，父母一定會限制孩子看電視的時間，意思就是孩子不能想什麼時候看電視就什麼時候看電視，父母限制他們在一定的時間看電視。
生：對，我同意，如果不限制孩子看電視的時間，他們可能什麼時候都在看電視。
師：所以，父母對孩子看電視的時間要有限制，這樣對孩子好。
生：那，政府對工廠的發展也要有限制，這樣對環境好。
師：對，只有政府和民間組織一起來保護環境，才能解決環境問題。
生：解決環境問題，"解決"是什麼意思？
師：你做一件事的時候，開始有問題，有困難，後來因為你的努力，這些問題和困難都沒有了，你可以說這些問題和困難被解決了。
生：如果一個城市的空氣很髒，經過一年的努力，現在不髒了，可以說這個空氣問題被解決了。
師：對，環境問題是一個大問題，解決環境問題離不開政府的支持。
生：那臺灣政府對環境保護夠不夠支持？
師：老李說現在比以前更支持了，政府也允許民間組織進行環境保護的活動了。
生：政府允許民間組織進行環保活動，"允許"是什麼意思？
師："允許"就是答應，同意。你用別人的東西，要先得到允許。孩子做很多事情，要得到父母的允許，如果父母不允許他做，他就不能做。
生：那你剛才說政府允許民間組織進行環保活動，難道以前政府不允許民間組織保護環境嗎？
師：以前是不允許，現在允許了，所以環境問題會慢慢改善。
生：慢慢改善？改善是什麼意思？
師："改善"就是變得更好，問題更小。比方說，你可以改善你的學習方法，意思是你用更好的方法學習，這樣學得更快。
生：那改善環境，就是讓環境更乾淨，更好？對不對？
師：對，還可以說改善關係，中國和美國以前外交關係不好，現在兩國關係得到了很大的改善。

對話三 問題

1. 下面哪個問題，女說話人老李最不關心？
a. 臺灣什麼時候獨立
b. 臺灣的總統選舉
c. 臺灣的環境保護問題

2. 下面哪一項最有可能是老李關心的"環境保護"工作？
a. 組織民間活動
b. 多種樹
c. 給工廠提供更多的水

3. 關於男說話人老王和女說話人老李，下面哪個是對的？
a. 老李比老王更支持臺灣獨立問題
b. 老李比老王更了解政府對環境保護的重要性
c. 老王和小李都認為臺灣獨立比環境保護更重要

4. 關於臺灣的環境保護，下面哪個不是老李的看法？
a. 環境保護是政府的責任，不是個人的責任
b. 政府必須支持環境保護
c. 有些環境問題民間組織解決不了

5. 根據對話，下面哪個不對？
a. 現在的政府花很多錢，鼓勵民間組織保護環境
b. 臺灣政府對民間的環境保護活動比以前更支持
c. 民間組織沒有權利限制一個工廠的發展

第五課 秘密

對話一

A（女）:小張，聽說你媽最近下崗不工作了？

B: 不是我媽，是我妻子她媽，我岳母。

A: 噢，是你太太的母親啊。

B: 對，她都已經50多歲了，現在不工作，算是退休，不算是下崗。要說下崗嘛，我哥哥有幾個三十多歲的同事，因為單位的一次大改革沒了工作，他們才算是下崗。

A: 那你哥哥沒受影響吧。
B: 他還好，在單位留了下來。要不，做到三四十歲，工作突然就丟了，再找很難啊！
A: 是啊。現在企業競爭很激烈，很多國家單位不得不改革，讓一部分職工下崗。你岳母能在單位裡順利做到退休也真是不容易。

B: 是啊。

A: 那她退休後做些什麼呢？

B: 她喜歡織毛衣。退休三個月以來，她已經織了七八件毛衣了。

A: 又不是賣毛衣賺錢，織那麼多毛衣，給誰穿啊？

B: 有的給我岳父穿，有的給她孫子、孫女穿。有時候也把織好的毛衣當生日禮物送給朋友。

A: 每天都在家裡頭織毛衣，多無聊啊。

B: 不，她不在家裡織，家裡沒有人說話，太悶。她喜歡到公園裡織，公園裡人多、熱鬧。她喜歡在公園一邊織毛衣，一邊看別人打太極拳。

1. 下面哪個是對話裡討論到的話題？
a. 小張岳母的退休生活
b. 小張妻子的下崗生活
c. 小張的哥哥為什麼丟了工作

2. 根據對話，關於下崗和退休，下面哪個不對？
a. 很多國家單位因為改革，讓許多人下崗
b. 公司有大改革的時候，很多職工就得退休
c. 退休是因為年齡，下崗是因為改革，因為幹得不好

3. 岳母織那麼多毛衣做什麼？
a. 送給打太極拳的老頭老太太
b. 做禮物送給家人和朋友
c. 讓孫子、孫女賺錢

4. 岳母喜歡在公園裡，不喜歡在家裡織毛衣，因為：
a. 家裡太熱鬧了
b. 在公園可以賣毛衣賺錢
c. 公園裡沒有家裡那麼悶

5. 根據對話，下面哪個不對？
a. 岳母的先生去世了
b. 岳母喜歡在公園看人打太極拳
c. 小張的哥哥有幾個同事下崗了

對話二

A: 你說的逃犯是坐著的那個，還是站著的那個？

B: 坐著的那個，我不是告訴過你嗎，是個禿頂的瘦老頭。你看坐著的沒有頭髮，站著的頭髮還多著呢。

A: 但你說是個高個，我看坐著的那個禿頂的老頭不太高啊？

B: 他坐著你怎麼看得出來他個子有多高？等一會他站起來你就知道了。

A: 這個逃犯可真厲害，殺了人竟然還敢在公園裡玩，也不擔心我們警察抓到他。

B: 可不是嘛，犯這麼大的罪，還坐在公園裡輕鬆，抓到他以後一定要好好處罰他。

A: 看，他站起來了，嗯，果然是個高個兒。不過他不瘦啊，你看肚子那麼大。他好像要走過來了，我們快躲起來，不要讓他看到我們。

B: 躲哪兒？

A: 就躲在前面這棵樹後面。

B: 等等，他是逃犯，我們是警察，我們幹嗎躲啊？走，現在就去抓他去。

B: 別急，我們先躲著，等他過來了，我們再突然出來把他抓住。

A: 好，就按照你說的做。這次他一定跑不了。

1. 這個對話的兩個說話人在幹什麼？
a. 在討論一部關於警察的電影
b. 在公園裡享受一個輕鬆的下午
c. 在抓一個逃犯

2. 根據對話，這個逃犯長什麼樣子？
a. 禿頂，肚子很大
b. 個子不高，年紀很大
c. 頭髮很多，很瘦

3. 這個逃犯犯了什麼罪？
a. 他以前殺了一個人
b. 他打了警察
c. 他在公園裡打別人

4. 根據對話，下面哪個是對的？
a. 說話的兩個人一個站著一個坐著
b. 說話的兩個人附近有一棵樹
c. 逃犯看見了兩個說話人

5. 說話人說完話以後打算做什麼？ b
a. 馬上去抓逃犯
b. 先躲起來，等逃犯走過來
c. 去處罰逃犯

對話三

A: 妹妹，你怎麼一個人坐在這裡發呆啊？哦，還皺著眉頭，有什麼心事啊？

B: 哎…

A: 別嘆氣，告訴哥哥發生什麼事了？我絕對能幫你解決。

B: 你記得我們辦公室的那個老張吧？

A: 就是那個禿頂老張，他怎麼了？

B: 他最近總對我說些不三不四的話。

A: 哦，他說了些什麼？

B: 他說我穿的衣服不夠時髦，少穿一些，看起來會更性感。

A: 什麼？這老東西！簡直不想活了？

B: 每天我們主管一走，他就迫不及待地跑來跟我說話。問我晚上一個人睡害不害怕？要不要人陪？

A: 太過分了，這個老色鬼，你可要小心，不能馬虎啊。現在他只是對你說些不三不四的話，以後很可能就對你動手動腳什麼的。

B: 是啊，剛開始，我以為沒什麼，是自己胡思亂想。可是他越來越過分，現在我一看到他就害怕。

A: 你不能再忍受下去了，你警告他，要是他再說一些不三不四的話，你老哥我就去教訓他。

B: 我不敢，我看還是先告訴我們主管，我估計，主管知道以後會保護我，幫我解決這個問題。

A: 你們主管是男的還是女的？多大年紀？

B: 男的，四十歲左右，剛娶了一個大學教授。

A: 你估計他會支持你嗎？

B: 他一向比較嚴格，也很傳統，很有責任心，我想他會支持我的。

A：那好吧，你明天就告訴主管，看來老張這個老色鬼得再找工作了。

B：他這樣生活作風有問題的人，在哪兒工作幾天就得走人。

對話三 老師講解

生：這個對話一開始，哥哥問妹妹有什麼心事，什麼是"心事"？
師："心事"常常是一個人心裡一直在想的一件事，可能是心裡的擔心，不知道怎麼解決的事。
生：噢，女孩子的心事常常比男孩子多。
師：是啊，對話中的這個妹妹就坐在那兒發呆想心事。
生：發呆？發呆是什麼意思？
師：一個人發呆，他的眼睛長時間地看著一個地方，身體也不動。不注意旁邊別的人，別的事情。
生：我懂了，上數學課的時候，我總是發呆，想別的事。
師：學生上課發呆可能是因為他太累了，也可能是老師講的太沒有意思，學生聽不進去。
生：是啊，那這個妹妹坐在那兒發呆，是不是真的有心事？
師：對呀，有一件事讓她很頭疼，所以她皺著眉頭發呆。
生：皺著眉頭是什麼意思？
師：我們的眼睛上面是眉毛。一個人皺眉頭，他可能生氣，擔心，或者不舒服。
生：學生都討厭考試，一聽到老師說要考試，學生就皺起眉頭了。
師：對，這個妹妹在皺著眉頭發呆，哥哥問她是不是有心事，她就嘆氣。
生：嘆氣？什麼是嘆氣？
師：我今天考試考得不好，你問我考得怎麼樣？我會先"咳"，這就是嘆氣。
生：哦，一個人嘆氣，就是說他不高興，不滿意，可是又沒有辦法。
師：對，比方說一個爸爸覺得自己的兒子沒考上大學，不成器，每次別人說起他的兒子，他可能就"咳"…
生：他就嘆氣。那這個妹妹有什麼不高興的事？
師：他說他辦公室的老張是個色鬼。
生：色鬼？我知道在中國人的觀念裡，人死了就變成鬼了。那"色鬼"是什麼意思？
師：中國人喜歡用"鬼"來稱呼一些奇怪的或者不喜歡的人。比方說一個人總是喝酒，我們叫他酒鬼，一個人總是吸煙，你可以說他是個煙鬼。
生：是這樣啊，那色鬼呢？
師：有些男人見了漂亮女孩子就走不動了，總想著跟漂亮女孩說話，睡覺，這樣的男人，我們叫他色鬼，也可以說這個人很色。
生：哦，那妹妹為什麼說老張是個色鬼呢？
師：因為老張總是對這個妹妹說一些不三不四的話，讓妹妹很不舒服。
生：不三不四的話？什麼是不三不四？

師：不三不四就是什麼都不是，不合適。
生：那不三不四的話，就是不應該說的話，或者說得很不合適的話。
師：對，有時候我們也說不三不四的人。比方說，媽媽不讓我跟那些不三不四的學生交朋友。這些人可能不是好學生，他們可能喝酒，吸毒什麼的。
生：那老張這個色鬼對妹妹說了什麼不三不四的話？
師：他說這個妹妹穿的衣服不時髦，應該穿得再性感一點。
生：性感我知道，時髦是什麼意思？
師：時髦的東西就是比較新的，現在正流行的東西。一個人穿得很時髦，意思就是他穿的衣服都是最新的樣子，最流行的顏色等等。
生：那能不能說一件事情很時髦？比方說現在很多美國人都想學漢語，可不可以說現在在美國學漢語很時髦？
師：可以呀，以前中國人過春節都在家裡包餃子吃，現在春節的時候全家去飯館吃飯很時髦。
生：哦，我懂了。老張和這個妹妹是男女同事關係，男同事說女同事衣服不夠時髦，不夠性感就太不合適了。
師：可不是嘛。而且，妹妹說，每次她們的主管一走，老張就迫不及待地跑過來跟她說話。
生：你剛才說老張"迫不及待地跑過來跟妹妹說話"，這迫不及待是什麼意思？
師："迫"也就是"急迫"，和"急"的意思差不多。"待"就是"等"。"迫不及待"意思是一個人非常想做一件事，一分鐘都不能再等了。
生：哦，我每次下課以後都迫不及待地走出教室到食堂吃飯。
師：對，你太餓了，不能再等了。我已經三年沒有見我父母了，我打算明年回老家看他們，現在我真是迫不及待。
生：那老張總是迫不及待地跑過去對這個妹妹說一些不三不四的話，這一定讓妹妹非常不舒服。
師：是啊，她開始覺得沒什麼，是自己胡思亂想。但現在她很擔心。
生：胡思亂想，胡思亂想是什麼意思？
師："思"和"想"是一樣的意思，"胡思亂想"，就是想一些不可能是真的事，或者不可能發生的事。
生：要是先生晚上8點應該就回到家，可是晚上12點他還沒回來，他太太可能就會胡思亂想。
師：對，他太太可能會想他是不是跟別的女人在一起，是不是出車禍了等等。
生：那這個妹妹現在知道自己不是胡思亂想，老張真的對他說了一些不三不四的話。
師：對，所以哥哥讓妹妹小心一些，不能太馬虎了，要不然，以後老張可能會對她動手動腳。
生：你剛才說妹妹不能太馬虎了，這"馬虎"是什麼意思？
師："馬虎"就是不小心、不認真；想事情、做事情都比較隨便。如果我們說一個學生功課做得馬虎，意思就是這個學生做功課不認真，出了很多錯。
生：我懂了，我這個人比較馬虎，常常忘了做功課，幾乎每天都要找我的宿舍鑰匙。那哥哥說妹妹不能再馬虎了，他讓妹妹怎麼辦呢？
師：他要妹妹先警告一下老張。

生：警告一下老張，"警告"是什麼意思？
師：一個人要做一件你認為不好的事，你告訴他不要做，要不然就會發生不好的結果。這就是說你在警告他。醫生總是警告病人不要吸煙。
生：哦，你喝了酒以後還要開車，我警告你不要開車，因為這樣很容易出車禍。
師：對了。
生：那哥哥讓妹妹警告老張什麼？
師：他讓妹妹警告老張，要是老張再對妹妹說什麼不三不四的話，哥哥就去教訓老張。
生：教訓老張，教訓是什麼意思？
師：如果你要教訓一個人，常常是因為這個人做錯了一件事，教訓他，也許跟他談談，也許打他一頓，讓他以後不敢再做這樣的錯事了。
生：小孩子不聽話，父母常常教訓他們，可能跟他們談談，可能會打他們。
師：是啊，另外，一件事也可以教訓一個人，或者給一個人一個教訓。比方說，我很驕傲，以為自己的乒乓球打得最好，結果我跟王老師比賽的時候，王老師贏了。
生：那，這次比賽就給了你一個教訓，讓你以後不能太驕傲了。
師：對，這裡哥哥說他要教訓老張，他可能要找老張談談，或者可能打老張一頓。
生：那妹妹同意哥哥這麼做嗎？
師：妹妹覺得應該先告訴她的主管，她估計主管會幫她解決這個問題。
生："估計"是什麼意思？
師：你新認識一個人，不知道他有多大，你可以根據他的樣子，估計他有多大。
生：哦，我看見你新買了一輛車，我不知道你花了多少錢，但是我可以根據一般車的價格來估計你的車大概在兩萬左右。
師：對，我們常常根據自己以前的經驗，估計一件事會不會發生，一件事會怎麼發展。
生：那妹妹估計主管會幫她解決這個問題
師：對。妹妹估計主管可能讓老張回家別再來上班了。

對話三 問題

1. 妹妹皺著眉頭發呆，因為：
a. 她得找工作
b. 她的同事讓他傷腦筋
c. 她的主管生活作風有問題

2. 根據對話，下面哪個不是老張說的不三不四的話？
a. 我娶了一位大學教授
b. 你的衣服不夠性感啊
c. 要不要我陪你睡覺啊

3. 根據對話，老張第一次說不三不四話的時候，這個妹妹怎麼樣？
a. 她很害怕，開始避免見老張
b. 她以為是自己胡思亂想，其實沒什麼
c. 她覺得老張太過分，警告了老張

4. 哥哥說妹妹不能再忍受下去了，意思是：
a. 妹妹不應該胡思亂想
b. 妹妹應該告訴老張不要動手動腳了
c. 妹妹應該保護自己，警告老張

5. 根據對話，下面哪個不對？
a. 老張總是迫不及待想跟這個妹妹說話
b. 主管支持妹妹的可能性應該超過不支持的可能性
c. 哥哥明天要教訓老張，會讓老張丟工作

第六課 遲來的幸福

對話一

A. 媽,你不要再給我介紹男朋友了。我真沒想到,你今天竟然會把一個四十多歲的禿頂老頭兒邀請到家裡來。氣死我了!

B. 我邀請他來吃個飯也是為你好啊!你都已經三十八歲了,不找四十多歲的,我找幾歲的?我總不能把你推銷給十八歲的年輕人吧!

A. 什麼?你在推銷我?我又不是商店裡賣的東西,你幹嗎推銷我,幹嗎急著把我賣出去嗎?

B. 不是要賣你。我只是希望你找個伴兒結婚,有一個幸福的家庭,別總是一個人生活。

A. 我一個人有什麼不好,為什麼一定得有個伴兒?根據我的觀察,我的那些結了婚的朋友,婚姻一點也不幸福,最近還有幾個都離婚了。

B. 你這麼說也太絕對了吧,不幸福的只是少數,大多數婚姻還是很幸福的。你看我和你爸在一起不是很幸福嗎?

A. 反正你別為我的事傷腦筋了,我要嫁人,我自己會找男朋友的。

B. 哪兒有你這麼找男朋友的,這個不行,那個也不行,你到底要找什麼樣的人?

A. 到時候你就知道了,反正我寧可一個人生活,也不要跟不喜歡的人結婚。

B. 這樣下去,你年紀越來越大,就越來越不容易找了。

A. 好了好了,你就別管我的事了,你好好享受你的退休生活吧。

1. 對話中,女兒說"氣死我了",因為:
a. 她媽媽把她賣給了一個禿頂老頭
b. 她和禿頂男朋友生氣了
c. 她媽媽把她介紹給一個禿頂老頭

2. 女兒現在還沒有結婚，因為：
a. 她覺得自己結婚後一定會離婚
b. 她還一直沒有找到喜歡的人
c. 沒有人給她介紹男朋友

3. 關於媽媽，下面哪個不對？
a. 她現在有一個幸福的婚姻
b. 她希望女兒早點有個伴兒
c. 她現在有一份很好的工作

4. 媽媽邀請一個老頭來家裡介紹給女兒，因為：
a. 女兒年紀不小了
b. 這個老頭非常會推銷東西
c. 女兒不在乎男朋友的年紀

5. 根據對話，下面哪個不對？
a. 女兒埋怨媽媽管她結婚的事
b. 女兒不喜歡男人，讓媽媽很著急
c. 女兒寧可一個人，也不要和不合適的人結婚

對話二

A. 唉，你看這個小男孩怎麼樣？看樣子很活潑，很可愛啊。

B. 嗯，他眼睛似乎有毛病啊，怎麼一個大，一個小？

A. 嗯，是有點兒，不過，不仔細看也看不出來。可能他父母就是因為這個小毛病才不要他，把他拋棄了。

B. 那我們還是再找一個吧，這眼睛有毛病，以後長大了很難找女朋友。

A. 那你看那邊那個小男孩，一個人安安靜靜地玩，很聽話啊。

B. 我們去看看。小朋友，你好？嗯？怎麼不說話呀？有點傻啊？

A. 可能他害怕陌生人。

B. 有可能，可是我估計他智商有問題，笨笨的，是個傻孩子。

A. 怎麼會呢？你就喜歡胡思亂想。

B. 我們得小心，我不想自己懷孕生孩子，就是因為年齡大，不想冒險，怕孩子生出來有什麼毛病，現在我們決定領養，一定要認真看，找個正常，沒問題的。

A. 你想，這孤兒院裡的孩子，多半兒都是被父母拋棄的，多多少少都有些毛病。

B. 那我們只觀察女孩子，你知道，中國人重男輕女，有的孩子沒什麼毛病，只是因為是個女的就被拋棄了。

A. 那不行，不管怎麼樣，我們都得領養個男孩子，我父母還等著抱孫子呢。

B. 什麼？原來你也重男輕女呀。

A. 我也沒辦法，我寧可領養一個眼睛有毛病的男孩，也不要領養一個身體正常的女孩。

B. 你太過分了。

1.這個對話最可能發生在哪兒？
a. 醫院
b. 學校
c. 孤兒院

2.說話人為什麼要領養孩子？
a. 他們很無私，想幫助被拋棄的孩子
b. 女的年齡太大，擔心自己生的孩子有毛病
c. 他們重男輕女，想領養一個男孩子

3.關於他們看的第一個孩子，下面哪個不對？
a. 他的眼睛有小毛病
b. 他很笨，智商有問題
c. 他看起來活潑可愛

4.根據對話，下面哪個不對？
a. 男說話人認為，只要是男孩，有毛病沒關係
b. 女說話人認為，只要沒毛病，男孩女孩沒關係
c. 那裡的孩子都有毛病

5.從這個對話裡，我們可以知道：
a. 很多沒有毛病的女孩子，也被父母拋棄了
b. 說話的兩個人沒有重男輕女的觀念
c. 女說話人懷孕了，她的父母很快可以抱孫子。

對話三

A. 嗯,阿華,發什麼呆呢?今天聚會玩得不高興嗎?怎麼回來以後就不說話?
B. 今天晚上在聚會上我碰見以前的男朋友了。
A. 哦,又胡思亂想了?你們分手好幾年了,怎麼還記著他啊?他也象你一樣還單身嗎?
B. 他已經結婚半年了。看樣子,他太太好像懷孕了。
A. 哦,他太太也參加聚會了?
B. 是啊,他們倆看起來好像很有默契,一臉幸福的樣子。
A. 怎麼?你羨慕了?
B. (嘆氣)我也不知道,反正心裡不舒服。
A. 看來,你仍然愛人家。後悔跟人家分手了吧?
B. 事情已經發生了,後悔有什麼用。
A. 也就是說,你真的後悔了?
B. 哎,其實我也不知道怎麼搞的,就分手了。他突然向我求婚,我根本沒有準備,只告訴他讓我冷靜想想。
A. 你想了以後呢?你願意嫁給他嗎?
B. 我那時雖然不是百分之百願意,但還是喜歡他的。可是他後來一直沒有再來找我。
A. 那你應該找他呀?人家以為你不願意嫁給他呢。
B. 我想,要是他真正愛我,他會來找我,會再爭取,他不來,就是說他并不是真正愛我。
A. 哎呀,你們倆都太驕傲了。你真心愛他,就應該告訴他嘛,你看現在,後悔都來不及了吧,人家已經結婚了,你還單身,一個人多孤單。
B. 誰說我孤單,我有很多朋友,我每個星期都參加聚會,看電影,我的生活很豐富的。
A. 可是,說實話,阿華,你真的幸福嗎?
B. 我,我也不知道。

對話三 老師講解

生:這個對話是阿華和她的哥哥之間的對話,是吧?
師:可能,也可能是阿華和她的爸爸,反正不是和她的男朋友或者先生,因為她現在還單身。
生:單身就是沒結婚,一個人生活,對吧?
師:對,阿華是單身,這個對話發生的晚上,她去參加了一個朋友聚會。
生:朋友聚會?什麼是聚會?
師:聚會常常是一些朋友,家人,或者公司裡的人等等來到一起,吃吃東西,聊聊天。
生:哦,我知道了,我們的大學同學每年都要聚會。我跟我的女朋友就是在同學聚會上認識的。

師：是啊，在聚會上，一定會碰到老朋友，也一定會認識新朋友。阿華這次聚會就碰到了她的前男朋友。她的前男朋友和太太看起來很有默契。

生：很有默契？默契是什麼？

師：如果兩個人互相非常了解，對一件事，不用問就知道另一個人怎麼想，怎麼做。可以說他們之間有默契。

生：比方說我跟現在的老板一起做生意很多年了，在工作中，我們不但很少有爭議，而且很多事情我不用問他就知道他想要我怎麼做。可以說我和老板之間已經很有默契了。

師：對，阿華的前男朋友和太太之間很有默契，比方說，太太想離開聚會，她只要看一下先生，先生就可以從太太的眼睛中知道太太想離開了。

生：哦，有默契的人之間可以用眼睛交流。

師：對，阿華看到前男友和太太之間很有默契，她很羨慕。

生：羨慕？羨慕是什麼意思？

師：你的朋友娶了一個漂亮的太太，你很羨慕你的朋友，意思就是你也希望能娶一個漂亮的太太。

生：哦，我懂了，朋友娶漂亮的太太，我不羨慕，我羨慕朋友和太太之間有默契。

師：是啊，阿華看到前男友和太太很有默契，她很羨慕，後悔跟前男友分手了。

生："分手"我知道，就是兩個人談戀愛，可是後來關係出了問題，不談戀愛了，也就是說他們分手了。如果結了婚的人分手了，那也就是離婚了。不過，這"後悔"是什麼意思呢？

師：你做了一件事，後來覺得那件事你不應該做，或者你認為你做的不對，你心裡很難過，希望那件事沒有發生，就是說你對那件事後悔了。

生：咳，每個人都會幹後悔事。後悔選錯了專業，後悔小時候沒有好好學習。

師：是啊，阿華後悔跟男朋友分手了，可是她心裡後悔，嘴上不說她後悔了。

生：那她為什麼跟人家分手呢？

師：咳，她也不知道他們倆怎麼會分手，其實她前男友向她求婚了。

生：求婚？求婚就是請別人跟自己結婚對吧？

師：對呀，如果一個男的向女的求婚，男的會說"你願意嫁給我嗎？"

生：那如果一個女的向男的求婚，女的會說"你願意娶我嗎？"

師：對，可是阿華前男友向她求婚的時候，阿華沒說願意嫁給她，阿華覺得自己沒有準備好，所以告訴前男友自己需要冷靜想想。

生：冷靜想想，"冷靜"是什麼意思？

師："冷"就是天氣冷的"冷"；"靜"就是"安靜"的"靜"。冷靜，就是一個人不很緊張，不很興奮或難過，能夠清楚想一個問題，做出好的決定和選擇。

生：哦，也就是說一個人生氣的時候，哭的時候，或者有好消息很興奮的時候，都可能不夠冷靜。

師：對，阿華的前男友向阿華求婚的時候，阿華覺得太突然，她需要冷靜想一想。可是後來阿華的前男友再也沒有找阿華。

生：是嗎？冷靜想了以後，阿華要是同意嫁給前男友，她那時應該找人家。

師：是啊，可是阿華認為要是前男友真正愛阿華，他會再來找阿華。他沒有來找阿華，就不是真正愛阿華。

生："真正"意思就是真的，對吧？

師：對，我們常常說真正的朋友，意思就是兩個人都很重視這個朋友關係，都能無私地幫助朋友。
生：我聽我的朋友說，在美國你吃不到真正的中國菜，都是美國化了的中國菜。
師：對，美國人喜歡吃甜一點的東西，這裡的中國菜都加了一點糖，真正的中國菜沒有那麼甜。
生：那阿華認為前男友沒有再來找她，是因為前男友不是真正愛她。
師：是啊，不過對話中的男說話人覺得阿華和她的前男友那時候都太驕傲了，現在阿華後悔也來不及了。
生：後悔也來不及，來不及是什麼意思？
師："來不及"就是沒有時間做一件事了。比方說我8點鐘上課，可是我7點50才起床，我得趕快跑到教室，那我就來不及洗澡，來不及吃早飯。
生：10分鐘要洗澡，吃早飯，再跑到教室是來不及。至少得半個小時。
師：對呀，要是起床以後，你有半個小時才去上課，你就來得及吃早飯。
生：哦，來不及就是沒有時間做一件事了，來得及就是還有時間。阿華現在後悔那時沒有去找前男友，可是後悔都來不及了，因為前男友已經結婚了，而且和太太很有默契。
師：是啊，人家都結婚了，阿華還是單身，一個人很孤單。
生：孤單？什麼意思？
師：孤單，就是一個人沒有一個伴兒，沒有人陪。比方說，以前我爺爺奶奶兩個人幹什麼都在一起，現在我奶奶去世了，爺爺就很孤單。
生：我剛來這裡的時候，還不認識什麼人，總是一個人運動，一個人去買東西，覺得挺孤單的。
師：是啊，阿華過著單身生活，多多少少會有些孤單。可是她不願意說自己孤單，她說她有很多朋友，生活很豐富。
生：生活很豐富，豐富是什麼意思？有很多錢嗎？
師：豐富跟錢一點關係都沒有。豐富就是有很多種，不只是一個。比方說，這個商店賣的水果很豐富，意思就是這個商店賣的水果不只是蘋果或者桔子，而是有各種各樣的水果。
生：那生活很豐富，意思就是生活中有很多不同的事情做，而不是每天都做同樣的事情。
師：對了，一個人生活豐富，她可能去工作，工作完了以後去運動，去唱歌，去看電影，去跟朋友聚會等等。
生：一個人生活不豐富，她可能每天都是做工作。
師：對，阿華說她的單身生活很豐富。但男說話人并不覺得阿華幸福。
生：是啊，男說話人問阿華真的覺得幸福嗎，阿華說她也不知道。

對話三 問題

1. 阿華今天晚上去做什麼了？
a. 去跟以前的男朋友見面了
b. 去參加了一個聚會
c. 去跟她男朋友分手

2. 阿華和前男朋友為什麼分手了？
a. 阿華不想嫁給他
b. 前男朋友一直不求婚
c. 他們倆都太驕傲，互相誤會了

3. 關於阿華的前男朋友：
a. 他還愛阿華
b. 他還是單身
c. 他看起來很幸福

4. 對前男友的求婚，阿華什麼態度？
a. 告訴男友等一等
b. 告訴男友她願意嫁給他
c. 告訴男友她不願意嫁給他

5. 關於阿華，下面哪個不對？
a. 阿華有點後悔以前做的事
b. 阿華現在生活很幸福
c. 阿華并不想跟男友分手

第七課 美國夢

對話一

A. 小文，昨天晚上睡得怎麼樣？你的房間安靜嗎？

B. 我的房間很安靜，我睡得跟在家裡一樣好，我還做了一個好夢呢，你怎麼樣？

A. 我的房間離酒吧很近，非常吵，我沒睡好。我怕今天的旅遊會沒精神。嗯，先說說你做了什麼好夢吧。

B. 我夢見我被美國大學錄取了，他們不但要我，還給我獎學金呢。在夢裡，我拿到了去美國的簽證，正忙著買飛機票呢。

A. 那可真是個好夢啊！人家說啊，被美國的大學錄取難，錄取以後要申請留學簽證更麻煩。

B. 是嗎？我以為申請到美國的留學簽證很容易呢！

A. 誰知道。我有個朋友，都已經被美國學校錄取了，但就是拿不到簽證，去不了美國。不過，你不是挺喜歡你現在念的大學嗎？怎麼還做夢被美國大學錄取呢？

B. 我現在只是中國的大學本科生。我做夢上的是美國的碩士班。

A. 大學畢業後你想讀美國的碩士啊。唉，奇怪，管他是中國還是美國的碩士班，你現在才大學三年級，用不著這麼早就想上碩士的事啊？

B. 雖然大四才申請上研究生，讀碩士，但那時候開始準備就來不及了，大三就得開始準備，有的人大二就開始準備了。

A. 怎麼申請研究生的競爭也這麼激烈啊？

B. 可不是嘛，申請到美國讀研究生的競爭更激烈。不但學習成績好，英語也得好。

A. 不用擔心，你大學的成績很好，只要托福，ＧＲＥ成績不錯就行了。明年你一定能被美國大學錄取。

B. 希望如此。

A. 好了好了，別想你的夢了，我們得趕快走了，別的人還在等著我們開始今天的旅遊呢。

1. 從對話中我們可以知道，小文和他的朋友昨晚在哪兒睡覺？
a. 在一個旅館裡
b. 在小文家
c. 在小文朋友家

2. 昨天晚上，小文和他的朋友睡得怎麼樣？
a. 小文總是做夢，睡得不好
b. 小文的朋友沒睡好
c. 他們倆都睡得很好

3. 說完話，小文要做什麼？
a. 準備托福，ＧＲＥ考試
b. 申請去美國的簽證
c. 跟朋友去旅遊

4. 從對話中我們知道，
a. 小文現在在是碩士研究生
b. 小文現在是大三學生
c. 小文現在是大四學生

5. 根據對話，下面哪個不對？
a. 小文的大學成績不好，但托福、GRE 成績很好
b. 小文希望明年被美國大學碩士班錄取
c. 申請到美國讀碩士的競爭很激烈

對話二

A. 小劉，剛才王主管告訴我你下星期就要離開我們公司了？怎麼回事？

B. 哦，我找到了一個新工作。

A. 哦？想換工作？嫌這裡賺錢太少嗎？

B. 哪裡，在這裡待得太久了，想換換環境。

A. 那你要去的這家公司是個什麼樣的公司？

B. 是一家中日合資公司。

A. 中日合資？

B. 就是中國和日本一起出錢做生意的公司啊！
A. 哦，那合資做什麼呢？

B. 電腦、照相機什麼的。

A. 如果是中日合資，那偶爾你得到日本出差了？

B. 哎，哪裡是偶爾，是經常。這不，下個月公司就派我到日本接受半年的培訓。

A. 你還需要培訓啊？你的經驗已經挺豐富了。

B. 哪裡哪裡，我這點經驗還不夠，你知道，日本公司的管理經驗永遠值得我們學習。

A. 你這個新工作得常常出差，常常不在家，那你太太是什麼態度？

B. 她還不知道我要換工作，等開始上班了再告訴她。

A. 什麼？到現在你還瞞著她啊，你這先生也太過分了吧。

B. 沒辦法，沒辦法。小麗，你先別告她啊，讓我想想怎麼跟她說。

1. 根據對話，女說話人小麗是小劉的：
a. 主管
b. 同事
c. 妻子

2. 小劉為什麼要離開現在的公司？
a. 嫌賺錢太少
b. 不喜歡常常出差
c. 想換一個工作環境

3. 關於小劉的新工作，下面哪個不對？
a. 公司在日本，他得到日本上班
b. 公司生產電腦、照相機一類的東西
c. 是一家合資公司

4. 小劉要到日本參加培訓，他要學習什麼？
a. 電腦知識
b. 照相機知識
c. 管理經驗

5. 從對話裡，我們可以知道：
a. 小劉的太太不支持先生換工作
b. 小劉不敢瞞著太太換工作
c. 小劉換了新工作後得常常出差

對話三

A. 大為，恭喜你啊，聽說你被耶魯大學錄取了？那可是一所名校啊！

B. 咳，別恭喜了，安妮，我現在正為學費頭疼呢。你知道，一年幾萬塊錢的學費呢！

A. 哦？你沒有申請到獎學金啊？

B. 要是申請到就好了，可惜沒有。

A. 那你打算怎麼辦？放棄嗎？

B. 我也不知道，正在考慮呢。

A. 上耶魯這樣的名校一直是你的夢想，既然考上了，就應該去，放棄了太可惜。

B. 我也捨不得放棄。可是你了解我們家的經濟情況。我媽媽身體不好，已經退休好幾年了，一家人的生活重擔都在我爸爸一個人身上。

A. 是啊，你父母很不容易，我知道他們生活很節省，平時買件好衣服都捨不得。

B. 我父母太可憐了，如果我決定去上耶魯，每年他們得替我付四萬多塊錢學費，四年就是十六、七萬，我覺得我這樣做對我父母太殘酷了。

A. 我懂，不過，困難是暫時的，你大學很快就畢業了，到時候你就能賺很多錢，幫你父母過上幸福的日子。

B. 沒那麼容易，就算我大學畢業後能順利找到工作，賺的錢也只夠自己生活，不可能照顧父母。

A. 那不一定，得看你選擇什麼專業。聽說學通訊專業畢業以後能賺很多錢，尤其是網絡通訊。

B. 不行，不行，我對通訊一點都不感興趣。我只喜歡歷史、文學，何況耶魯的通訊專業好像也不怎麼樣。

A. 嗯，我有個好主意，你可以向銀行借錢。銀行對學生有特別的政策。等你工作以後再慢慢還錢。怎麼樣？好主意吧？

B. 好是好，可是那我這些年壓力多大啊？值得嗎？

A. 哎呀，你這也不行，那也不行，難道你真的願意放棄這個機會？多少個學生都在羨慕你呢，你再好好考慮考慮吧。

B. 好吧，謝謝你啊。

對話三 老師講解

生：這個對話一開始，說話人安妮就對大為說"恭喜你呀"。"恭喜"是什麼意思？
師：如果你的朋友要結婚，或者有了小孩，得到一個獎學金，等等，你要對他說"恭喜"。
生：哦，也就是一個人有好事，好消息的時候你說"恭喜"。那大為有什麼好消息？
師：他被耶魯大學錄取了。
生：哦，那可是一所名校，是值得恭喜。
師：可是大為卻想放棄。
生：放棄？放棄是什麼意思？
師：放棄就是不要了，或者改變主意，不按照原來的計劃做了。比方說，我有一個很好的工作，可是這個地方離我家很遠，我不願意花太多時間上下班，所以我就不要這個工作了，也就是說我放棄了這個工作。
生：我懂了，為了學好中文，我放棄周末休息的時間，跟我的家教練習中文。
師：你真是個努力的學生。對話裡，耶魯大學錄取大為了，但他想放棄去耶魯學習的機會。
生：為什麼要放棄這所名校呢？難道大為沒有申請到獎學金嗎？
師：是啊，就是因為他沒有申請到獎學金他才不得不放棄，真是太可惜了。
生：太可惜了，"可惜"是什麼意思？
師：你丟了一個很貴重的東西，你不得不放棄一個很好的機會，你都會感到可惜。朋友也會替你可惜。
生：比方說，我很喜歡一個漂亮的女孩子，我想追求她，可是她已經有了男朋友了，真可惜。
師：對呀，這裡大為被耶魯大學錄取了，可惜沒有獎學金。
生：大為想放棄，可是他的朋友安妮覺得放棄這所名校很可惜。
師：是啊，因為上耶魯一直是大為的夢想。
生：夢想？夢想是什麼意思？
師：夢，我們學過，睡覺的時候常常會做夢。夢想，意思是一個人長時間非常想做的一件事，而且為了這件事，他可能花了很多時間，做了很大的努力。

生：我現在最大的夢想就是學好中文，能說得像中國人一樣。
師：每個人都有不同的夢想。但并不是所有的夢想都能變成真的。有的夢想永遠都只是夢想。
生：那當然。我一直有一個夢想，那就是到全世界旅遊。不過我知道，我不可能有時間和錢到全世界旅遊。最多到一些國家看看。
師：是啊，可是大為的夢想差一點就變成真的了，現在放棄太可惜了，所以安妮讓他再考慮考慮。
生：考慮考慮，考慮是什麼意思？
師：考慮就是非常認真地想一想，常常為了做一個決定，或者想出一個解決辦法，我們需要好好考慮。
生：朋友邀請我這個周末去跳舞，我很想去，可是下個周一我有一個很重要的考試，怎麼辦？我得考慮一下再告訴朋友。
師：你去跳舞都要考慮一下，大為要不要放棄上一個名校，當然更要考慮考慮了。安妮覺得既然被錄取了，就不應該放棄。
生：既然被錄取了，"既然"是什麼意思？
師："既然"常常介紹出一個必須接受的已經存在的事實。比方說，既然下雨了，我們就不去打球了。下雨是已經存在的事實，"我們不去打球了"是因為"下雨了"這個事實。
生：我生病了，可是我還要去工作。我的媽媽可以說"既然生病了，就別去上班了"。大為考上了耶魯大學，安妮覺得既然考上了，就不要放棄。
師：對，可是大為覺得他一家人的生活重擔都在爸爸一個人身上，不想再讓爸爸為耶魯的學費傷腦筋。
生：你剛才說大為一家人的生活重擔，這重擔是什麼意思？
師：重擔意思就是很重的責任。一家人生活的重擔，就是賺錢給一家人提供飯、衣服、房子，上學的錢，也包括照顧孩子的生活等等。
生：那還可以說工作的重擔，對吧？
師：對，比方說你很能幹，老板把工作的重擔都給你，讓你負責很多事情。
生：大為的媽媽身體不好，生活的重擔在爸爸一個人身上。生活真不容易。
師：可不是嘛，大為說他爸爸媽媽生活很節省。
生：很節省？節省是什麼意思？
師：節省就是舍不得花，舍不得用。花錢要節省，意思就是該花的錢才花，不該花的就不要花。我們還可以說節省時間，節省用水，意思就是少用一點時間，少用一點水。
生：那大為說他父母生活很節省，意思就是他父母舍不得穿好的衣服，舍不得買好吃的東西。
師：對，大為覺得他父母很可憐。
生：可憐？什麼是可憐？
師：一個人很貧窮，很不幸，或者壓力很大，你替他難過，你會可憐她，你會覺得他很可憐。
生：哦，我覺得失去父母的孤兒最可憐。
師：是啊，在街上碰到那些沒有家的人向我要錢，我總是很可憐他們，給他們一些錢。

生：那大為覺得他父母很可憐，是因為他父母很貧窮，為了照顧孩子，讓孩子上學，他父母很辛苦，對吧？
師：對，所以大為認為如果再讓父母為他每年四萬塊錢的學費傷腦筋，自己就太殘酷了。
生：太殘酷了，殘酷是什麼意思？
師：殘酷就是沒有感情，很過分，讓人很難接受。一個殘酷的人，他不怕讓別人受傷，不怕讓別人難過。一個人離婚的時候不付錢給太太照顧孩子，還逼太太離開現在住的房子。你可以說這個人對他太太、孩子太殘酷了，一點感情都沒有。
生：除了說人殘酷外，我們也可以說，事實很殘酷，競爭很殘酷，對吧？
師：對，殘酷的競爭，殘酷的事實。意思是說，這樣的競爭和事實，讓人難過，但是也沒有辦法。
生：我想中國孩子考大學的時候，面對的就是一種殘酷的競爭。
師：是啊，每年有那麼多學生想上大學，可是只有一小部分人能考上。這個競爭當然是很殘酷的。
生：那，大為覺得父母已經很節省了，再讓父母為自己的學費傷腦筋，自己太自私，對父母太殘酷了。
師：對，可是安妮覺得這個困難的情況是暫時的，很快就會好起來。
生：暫時的，什麼意思？
師：暫時的就是短時間的，不是長期的，很快就會改變的。
生：我懂了，我大學畢業以後要是找不到合適的工作，我就暫時到麥當勞打工，一邊打工，一邊找別的工作。
師：對，在麥當勞打工是暫時的，你不會永遠在那兒幹。
生：那安妮為什麼說大為的經濟困難是暫時的？
師：安妮讓大為學通訊專業，特別是網絡通訊，這個專業畢業以後能找到好工作，能賺很多錢。
生：網絡通訊？網絡我知道，就是現在說的英特網，internet.我們每天都要用網絡　那通訊是什麼？
師：通訊就是人們之間聯系的工具，比方說，最早我們寫信，後來打電話，現在我們開始用電腦上網，這郵局、電話、電腦網絡等等都是跟通訊有關的東西。
生：現在電腦網絡在我們的生活中太重要了，我跟朋友聯系用網絡，買東西也用網絡，現在我們上課更離不開網絡。有的課，我都是在網上交功課。
師：是啊，正是因為網絡越來越重要，學這個專業就很容易找到賺大錢的工作。所以安妮讓大為學習這個專業。
生：可是大為好像不喜歡這個主意。他覺得這樣他的壓力太大了。不值得。
師：是啊，不過安妮勸他好好考慮考慮。

對話三 問題

1. 對話中，大為和安妮在討論什麼？
a. 該不該放棄上名校
b. 上名校是不是值得
c. 學什麼專業最賺錢

2. 大為被名校錄取了卻不高興，下面哪個不是原因？
a. 沒有申請到獎學金
b. 家裡經濟條件不好
c. 耶魯的網絡通訊專業不好

3. 大為的父母生活很節省，因為：
a. 只有爸爸一個人工作
b. 大為考上了耶魯學費很貴
c. 他們向銀行借了很多錢讓大為上學

4. 關於安妮對大為上名校的態度，下面哪個不對？
a. 安妮認為既然考上了，放棄很可惜
b. 上名校給父母很大的經濟壓力，很殘酷
c. 上名校是一件讓人羨慕的事

5. 根據對話，下面哪個不對？
a. 大為相信自己名校畢業以後能賺很多錢
b. 大為決定放棄上名校
c. 大為認為為了上名校借很多錢不值得

第八課 學成語

對話一

A．小華，昨天我跟我的女朋友聊天的時候，她說我"夜郎自大"，這"夜郎自大"是什麼意思？

B．嗯，大為，你不懂幹嗎不問你女朋友啊？

A．你不知道，我女朋友在學英文，我在學中文，可是她的英文比我的中文進步快多了，總是問她，多沒面子啊。你快給我解釋解釋吧。

B．好吧好吧，"夜郎自大"是個成語，但這個成語是一個歷史典故。

A．什麼是典故？

B．典故就是歷史上的故事或者古書上的東西。

A．哦，那這個典故是個什麼故事？

B．別急，大為，你先告訴我"夜郎自大"這四個字是什麼意思？

A．"夜"我知道就是"晚上"，"郎"是"男人"，"自"是"自己"的自。"自大"是什麼？是不是自己覺得自己很偉大？很厲害？

B．嗯，每個字你都解釋對了，但"夜郎"在這裡指的是古代一個叫"夜郎"的國家。

A．哦，有叫"夜郎"的國家？

B．對，在中國的西南部。那時這個國家的國王以為他們國家最大，其實他們國家很小。

A．哦，我懂了，說一個人"夜郎自大"是說他不了解事實，太驕傲了，不夠謙虛。

B．沒錯，你也可以說一個人很"自大"，意思跟"夜郎自大"一樣。那你告訴我，你女朋友為什麼說你夜郎自大呀？

A．我，我告訴她在我們班，我的中文最流利。

B．哈哈，大為，你真是夜郎自大，坐井觀天啊。

A. 等等，小華，怎麼又出來個"坐井觀天"，也不是什麼好話吧？是什麼意思？

B. 你猜一猜啊？

A. 真討厭，你不告訴我，要我猜！恩…"井"我知道，很多地方人們從井裡取地下水喝，"觀"就是"觀察"的"觀"，意思是"看"，"坐井觀天"就是坐在井裡看天。

B. 對，你想想，你坐在井裡看天，你能看到全部的天嗎？

A. 當然不能，只能看到一點點。哦，如果你說一個人"坐井觀天"，那是說他對事實不夠了解，看不到全部。你是說我以為自己的中文程度還不錯，但我看到的只是自己身邊這些人，忘了外邊還有別的班，別的學校？

B. 哈！你現在又多學會一個成語了。

1. 大為不懂"夜郎自大"是什麼意思，為什麼不問他女朋友？
a. 他女朋友很驕傲
b. 他女朋友中文也不好
c. 他怕丟臉，怕女朋友看不起他

2. 大為的女朋友為什麼說大為"夜郎自大"？
a. 因為大衛說自己的中文比他同學好
b. 因為大為說自己的中文比他女朋友好
c. 因為大為說他的國家最大

3. 關於"夜郎自大"這個成語，下面哪個不對？
a. "夜郎自大"來自一個歷史典故
b. 說一個人"夜郎自大"是說他過分驕傲，不夠謙虛
c. "夜郎自大"意思是夜郎這個國家的男人都很驕傲

4. 如果我們說一個人"坐井觀天"這個人：
a. 喜歡坐在井裡觀察天
b. 對外面的世界不太了解
c. 因為知識豐富，不夠謙虛

5. 從對話裡，我們可以知道？
a. 大為覺得他的女朋友太自大
b. 女說話人小華覺得大為的中文很流利
c. 大為的女朋友知道的成語典故比大為多

對話二

A. 早，小張。

B. 早，老李。嗨，上次說的房子你決定買了嗎？

A. 唉，還在猶豫呢，我對那座房子的結構不太滿意。你想想，一樓沒有廁所，多不方便啊。

B. 是不方便。除了睡覺，大多數時間都待在樓下，跑到樓上上廁所，太麻煩了。

A. 另一座房子結構很好，可是那兒的學校條件很差，而且只有一個老師是碩士畢業。

B. 唉，我告訴你啊，要是學校不好，房子千萬不要考慮，否則孩子肯定上不了好大學。那你還有沒有別的選擇？

A. 還有一座房子，有點小，不過結構、價格等方面我都很滿意。

B. 那就趕快下手吧，不要猶豫不決。差不多就行了，不可能有百分之百讓你滿意的房子。

A. 是啊，我知道，大體上滿意就不錯了，不可能百分之百滿意。說實在的，這買房子的事都快把我煩死了。

B. 慢慢來，小張，一定能買到你滿意的。

A. 有時候真想隨便買一座算了，這一陣子每個周末都得出去看房子。

B. 我那時候跟你現在感受一樣，甚至覺得算了算了，不買了。好在我先生有耐心，要不然我們現在還在租房子住呢。

A. 你幸福啊，我先生比我還沒耐心。看了兩三次房子就煩了。有時候跟他商量，他也沒耐心聽。真讓人生氣。

B. 他這樣做就不對了，回頭我跟他談談，我年紀大，他可能聽我的。

A. 那先謝謝你了，老李。

1.老李和小張在談什麼？
a.先生的耐心
b.買房子
c.房子的結構

2. 對話裡說到的第一座房子，小張很猶豫，不能馬上決定買不買是因為：
a. 廁所太小
b. 房子太小
c. 結構不好

3. 老李覺得小張應該趕快下手，把談到的第三座房子買下來，因為：
a. 那座房子附近的學校很好
b. 那座房子大體上還不錯。
c. 那座房子的大小和價格都很好

4. 關於對話裡的老太太老李，下面哪個不對？
a. 老李買了一座讓她百分之百滿意的房子
b. 老李現在不租房子住了
c. 老李的先生比她有耐心

5. 根據對話，我們可以知道：
a. 在買房子上，小張和先生互相支持
b. 看了一陣子以後，小張和先生對買房子快沒耐心了
c. 小張的先生是個猶豫不決的人

對話三

A. 你愛我嗎？阿麗，說話呀，怎麼默不做聲呢？

B. 阿文，人的感情不是一成不變的，我現在說愛你，明天有可能就不愛你了，你就別再問了。

A. 你不願意回答，是不是因為你心裡有別人了？

B. 什麼別人？

A. 你別再給我裝聾作啞了，昨天你是不是又去看小陳打球去了？

B. 我就是喜歡他在球場上那生龍活虎的樣子，怎麼著，我去看他打球不行嗎？

A. 你，你別真以為小陳球打得好，哪天讓我來跟他來比比，一定把他打得一敗塗地。

B. 哼，你少說大話，小陳是學校籃球隊的，你跟他打，簡直是班門弄斧。

A. 你看過我打球嗎？高中的時候，我們球隊常常拿球賽冠軍呢。

B. 那你幹嗎一直深藏不露？

A. 我一直深藏不露是因為我不想讓別人覺得我太驕傲，

B. 哼，誰知道你是不是在說大話。不管怎麼樣，我就是喜歡看小陳打籃球。
A. 阿麗，不要再想小陳了好不好？你知道，我對你一見鐘情，從我們認識的第一天起，我對你的愛就從來沒有改變過．

B. 我知道，可是．．．

A. 我這麼愛你，你還三心二意，做不了決定？你想想，你認識小陳以前，我們的愛情也是一帆風順的，我們在一起多高興啊．．．

B. 好了好了，阿文，我知道你很愛我，可是我需要一個懂我的人。我喜歡小陳，也不是因為他球打得好

A. 難道他比我更懂你？

B. 你知道，我喜歡文學，喜歡歷史，可是你對歷史文學方面的東西總是不聞不問，和你談文學，就像對牛彈琴，但小陳．．．

A. 小陳怎麼樣？我就不相信他一個運動員會比我更喜歡文學和歷史。阿麗，我告訴你啊，像我這樣的好男人并不多。

B. 哼，好男人不怕找不到女朋友，你對我就死了這條心吧。

對話三 老師講解

生：這個對話是阿麗和她的男朋友阿文之間的對話。一開始，阿文好像不高興？
師：是啊，他問阿麗愛不愛他，可是阿麗半天都默不做聲。
生："默不做聲"是什麼意思？
師："默"是沉默的"默"，"默不做聲"就是沉默著，一句話也不說，不作任何反應。
生：哦，我懂了，如果一個人很孤僻，別人問他什麼他可能都默不做聲。那阿麗默不做聲，難道她不愛阿文嗎？
師：可能以前她愛，但現在不那麼愛了，她說人的感情不是一成不變的。
生："一成不變"是什麼意思？
師："一成不變"就是永遠不會改變，永遠都保持一個樣子。
生：世界上沒有一成不變的東西。
師：對呀，不過，你可以用一成不變這個成語表示一個東西沒有什麼變化，沒有創造性。

生：我懂了，有人覺得 Jacky Chen 的電影一成不變，總是打來打去的。你覺得呢？
師：我不覺得成龍的電影一成不變，我覺得他的每一步電影都有新的東西。
生：我現在越來越討厭過年了。看的是一成不變的新年晚會，吃的也是一成不變的餃子。煩不煩啊！
師：我理解你的感受，有時候我也覺得煩，不過看到小孩子們生龍活虎，高高興興的樣子，我還是覺得過年好。
生：你剛才說"生龍活虎"，龍和虎在中國文化中都代表最強大的動物，都代表勇敢，代表精力。但生龍活虎中"生"和"活"是什麼意思？
師："生"和"活"在這裡意思是活潑、有精神。如果說一個小孩生龍活虎，就是說他很活潑，很高興，很有精神，一個人打起球來生龍活虎，也就是說打球的時候很有精神。
生：噢，小陳在球場上生龍活虎，所以阿麗喜歡上他了。
師：是啊，剛開始，阿文問她，她還裝聾作啞。其實阿文知道她去看小陳打球了。
生：你剛才說裝聾作啞，裝聾作啞是什麼意思？
師：聾，就是聽不見，啞就是不能說話。裝聾作啞，意思就是你能聽見，會說話，可是你裝著沒聽見，所以你不回答。
生：哦，阿文問阿麗心裡是不是有了別人。阿麗不想回答這個問題，所以她裝聾作啞，問"什麼別人"。
師：對，小時候，媽媽常常叫你洗碗，收拾房間等等，你不想幹，你就裝聾作啞。對不對？
生：呵呵，是啊，小孩子嘛，總免不了這樣。那小陳打球打得怎麼樣？
師：小陳是校隊的，也就是學校的籃球隊。阿麗覺得他打得很好。可是阿文覺得如果他跟小陳打，一定能把小陳打得一敗塗地。
生：一敗塗地，敗就是失敗，不成功，沒有贏。一敗塗地就是敗得很厲害？
師：你不可以說"敗得很厲害"。中國人常常只說"一敗塗地"。"一敗塗地"就是說一個人失敗了，甚至到了一種沒辦法收拾，沒辦法繼續的情況。
生：如果兩個籃球隊比賽，比分是０比８０，你可以說這個隊被打得一敗塗地。那阿文真的能把小陳打得一敗塗地嗎？
師：阿麗覺得根本不可能。小陳是校隊的，阿文跟小陳比，真是班門弄斧。
生：班門弄斧是什麼意思？
師：班，就是魯班，是以前一個很有名的木匠。
生：木匠是什麼？
師：木匠就是用木頭做桌子，椅子，房子等等的人。
生：斧，我知道，就是斧子，象刀一樣的東西，比較大的樹、木頭，你要用斧子。
師：對，"班門弄斧"就是在魯班的家門前用斧子，給大家看你的技術。也就是說你在專家面前讓大家看你的能力，太不謙虛了，太不了解自己的能力了。
生：哦，我懂了，如果一個研究中國歷史的教授問你一個關於歷史的問題，為了表示尊敬和禮貌，你應該謙虛地說"你是歷史教授，我不敢班門弄斧"。
師：對，如果真要回答，你也可以先客氣一下，謙虛地說"對不起，那我就班門弄斧了"，意思是，我如果說得不好，請你原諒我。

生：阿麗覺得阿文水平肯定很差，跟校隊小陳比打籃球，真是班門弄斧。那阿文敢不敢跟小陳比？他是不是害怕了？
師：阿文才不怕呢。他說自己籃球打得很好，只是一直深藏不露，沒有給阿麗看過。
生：深藏不露？我們學過躲，警察躲在樹後面。"深藏不露"的"藏"跟"躲"是一樣的意思，對嗎？
師：對，但用"躲"的時候，我們只能說人或動物。我們能說一個人躲在樹後面，也可以說一個人藏在在樹後面。但我們只能說把錢藏在家裡，把禮物藏在床下等等。"躲"不可以這樣用。
生：那深藏不露是什麼意思呢？
師：深藏不露，指一個人把自己的感情，自己的技術藏得很深，不讓別人知道。
生：哦，如果我有一個很好的玩具，我不想讓弟弟玩，所以我把玩具藏起來，但我不能說我把玩具深藏不露，對吧？
師：對，深藏不露只能用來說自己的心事，自己的感情，自己的技術等等。
生：阿文的籃球水平深藏不露，那阿文對阿麗的感情是不是也深藏不露呢？
師：才不是呢。他告訴阿麗他對阿麗是一見鐘情，他那麼愛她。
生：你說阿文對阿麗一見鐘情，什麼是一見鐘情？
師：一見鐘情，就是跟一個人在第一次見面的時候，就愛上了她。怎麼樣？你對你太太是不是一見鐘情？
生：呵呵，差不多吧。那阿文愛阿麗那麼深，阿麗對阿文好像不夠好啊？
師：對呀，阿文覺得阿麗不應該再喜歡小陳，不應該對自己三心二意。
生：三心二意是什麼意思？
師：三心二意意思就是你一會兒想這樣，一會兒想那樣，不能集中你的注意力，或沒辦法做決定。
生：比方說哈佛、耶魯、MIT三個名校都錄取我了，我一會兒想上哈佛，一會兒想上耶魯，一會兒又改變主意，想上MIT，但我爸爸覺得哈佛最好，他可能會說，"我覺得你應該上哈佛，決定了吧，別三心二意了"。
師：對，阿文真可憐，他對阿麗那麼好，阿麗還是三心二意。
生：都怪小陳，認識小陳以前，阿文和阿麗的愛情好像很順利。
師：對呀，認識小陳以前，他們的愛情一直都一帆風順。
生：一帆風順是什麼意思？
師："帆"就是在船上掛的用布做的東西，叫"船帆"。有了船帆，風一吹，船就可以走得很快。
生：如果風的方向跟船走的方向一樣，我們說這是順風，船會走得很快。朋友要離開了，或要去旅行，我們可以祝他"一路順風"，就是希望他很快就到，希望他的旅行很順利。
師：對呀。如果朋友不是去旅行，而是要找工作，交女朋友什麼的我們就用這個成語，祝他事業一帆風順，愛情一帆風順等等。
生：既然阿文和阿麗一見鐘情，一開始也一帆風順，為什麼阿麗還不滿意呢？
師：阿麗喜歡歷史，喜歡文學，她埋怨阿文對歷史，對文學不聞不問。
生：不聞不問，就是不關心？

師：對，"聞"就是聽見，這個字外邊是一個門，表示聲音，裡邊是耳朵，意思是"聽"。不聞不問，就是說不要聽見，也不要問，一點都不關心。比方說，我爸爸不關心我的學習情況，對我的學習，他總是不聞不問。
生：我懂了。阿麗那麼喜歡歷史、文學，可是阿文卻對歷史和文學不聞不問，阿麗當然不開心了。
師：對呀，阿麗覺得跟阿文談歷史、談文學，感覺好像是對牛彈琴。
生：對牛彈琴，什麼意思？
師：琴，我們學過"鋼琴"這個生詞，古時候當然沒有鋼琴，這裡"琴"是中國的古琴。對牛彈琴，就是對著牛彈琴，牛當然不懂你彈得音樂，不懂你的感情。
生：哦，我懂了，如果你跟一個不喜歡也不了解中國歷史的人談中國歷史，可以說你對牛彈琴。 哈哈，這個成語有意思，我喜歡。
師：不過，你得注意，用這個成語要小心，除非是好朋友之間，否則很不禮貌。

對話三 問題

1. 阿文覺得阿麗跟他裝聾作啞，因為：
a. 阿麗肯定知道阿文說的"心裡有別人"是什麼意思
b. 阿麗不願意跟阿文說她愛他
c. 阿麗一直默不作聲，好像很慚愧的樣子

2. 阿麗覺得阿文和小陳比打籃球是班門弄斧，因為：
a. 阿文總是生龍活虎，高中時打球常拿冠軍
b. 小陳深藏不露，阿文一定一敗塗地
c. 小陳是校隊的，而阿文不是

3. 關於阿文和阿麗的關係，下面哪個不對？
a. 他們的感情很好，一直一帆風順
b. 阿麗現在三心二意，想換男朋友
c. 阿文曾經對阿麗一見鐘情

4. 阿麗喜歡小陳是因為：
a. 和小陳談文學像對牛彈琴
b. 她覺得小陳更懂她
c. 小陳對文學、歷史不聞不問

5. 從對話裡，我們可以知道
a. 小陳對阿麗的愛深藏不露
b. 阿文把小陳打得一敗塗地
c. 阿麗已經決心跟阿文分手了

第九課 俗語和順口溜

對話一

（噗！）

A.（女）小李，你放屁了吧？臭死了！

B.（男）你小聲點，這麼大聲音，多不禮貌？

A. 你不禮貌，還嫌我不禮貌。

B. 不好意思，小張，我肚子有點不舒服，去了廁所好幾次，就是拉不出來。

A. 怎麼會這樣呢？校長的演講馬上就要開始了，這麼正式的場合，你可得注意啊。

B. 哎呀！那麼正式的演講，我要是控制不住放屁了，多沒面子，怎麼辦，你幫幫我！

A. 是你的屁股，又不是我的屁股，我怎麼幫你？

B. 唉呀！怎麼這麼說話，真不夠朋友。

A. 這樣吧，咱們坐在最邊上，要是你感覺想放屁了，你就趕快出去，過一會再回來。

B. 好吧。咱們到那邊去坐。
（噗！）

校長：各位同學，我今天演講的題目是中國的改革開放。

A. 怎麼又是改革開放？這個題目大家都已經講過幾百次了，真是炒冷飯。

B. 就是啊！
（噗！）

A. 小李，你又放屁了！

B. 不是我，我還以為是你放的呢！

A. 明明是你放的，幹嗎說是我，讓別人怪我，要我替你背黑鍋。你太過分了，這演講我不聽了，你一個人在這兒享受你的臭屁吧。

B. 哎哎，等等，怎麼說走就走啊，對不起，對不起，嗨，我，我道歉了還不行嗎？

1. 這個對話發生在下面哪個場合？
a. 一個餐廳裡
b. 一家電影院裡
c. 一場演講會上

2. 關於"禮貌"，下面哪個不是對話裡的意思？
a. 小李認為小張在那個場合大聲說話不禮貌
b. 小張認為正式場合進行到一半去上廁所不禮貌
c. 小張認為小李在那個場合放屁不禮貌

3. 小李對小張說"你幫幫我"，他要小張幫什麼？
a. 小李害怕等一下控制不住，在正式場合裡放屁
b. 小李害怕等一下上廁所拉不出來
c. 小李要請小張替他背黑鍋

4. 關於校長的講話，下面哪個是對的？
a. 是關於正式場合的禮貌問題
b. 是炒冷飯，小張和小李不感興趣
c. 是關於讓人背黑鍋的問題

5. 對話最後，男說話人小李為什麼向小張道歉，一直說對不起？
a. 小張放了屁，讓小李沒面子
b. 小李放了屁，卻讓小張背黑鍋
c. 小張不喜歡聽人炒冷飯，生氣走了

對話二

A．阿強，該起床了，快點，你上班要遲到了。

B．嗯，讓我再睡１０分鐘。

A．你昨晚又開夜車了吧？你是不是把那些商業資料都準備好了？我問你呢？

B．嗯，好了。

A．那麼多你都準備好了？那你幾點睡的覺？嗯？

B．嗯，三點左右

Ａ．你呀，天天下班了還把工作拿回家做，白天為公司忙，晚上也為你們公司開夜車，你這樣拼命工作，這身體哪能受得了。

Ｂ．哎呀，別煩我，讓我再睡一會兒。

Ａ．再說了，你這樣拼命有什麼用？也不會拍老板的馬屁，說說他的好話，幹了五六年了，還是個普通職員，連個小主管都當不上。

Ｂ．老婆，你有完沒完呀，大早上就開始抱怨。算了，看來我也睡不成了。

Ａ．不滿意我當然得抱怨啦！那我說的對不對啊？你說，你這麼拼命有什麼用嘛。你幹嗎不學學人家小王，多拍拍老板的馬屁，老板高興了，也讓你當一個主管什麼的。

Ｂ．拍馬屁這種事我從來不會，也不需要。

Ａ．你怎麼這麼固執啊？

Ｂ．好老婆，你知道我不是那種人，你就不要抱怨，也不要逼我了好不好？

Ａ．好吧好吧，不過我告訴你啊，從今天開始，不管你工作做完沒有，我不允許你開夜車，１１點必須睡覺。

Ｂ．好吧，我答應你，以後不再開夜車了，好了吧？

Ａ．我這也是為你好。

Ｂ．我知道。

1. 這個對話發生的時間最可能是：
a. 星期六早上
b. 星期二早上
c. 星期一晚上

2. 根據對話，阿強前一天晚上開夜車做什麼？
a. 開夜車去公司工作
b. 開夜車準備商業資料
c. 開夜車爭取當主管

3. 阿強老婆對阿強有很多抱怨，下面哪個不是？
a. 埋怨阿強不注意身體
b. 埋怨阿強工作太拼命
c. 埋怨阿強總是拍老板馬屁

4. 這個對話發生以後的這個晚上１２點，阿強可能在幹什麼？
a. 睡覺
b. 開夜車
c. 拼命工作

5. 根據對話，下面哪個不對？
a. 阿強是公司主管
b. 同事小王很會拍馬屁
c. 阿強工作很努力

對話三

A.（記者）希拉裡女士,很多人還在談論你的先生前總統克林頓和他的情人萊溫斯基之間的醜聞，您一直對此默不做聲，現在您能不能談談你的感受？

B. 我拒絕談這個話題。

A. 哦，對不起。那，聽說您跟克林頓曾經都是耶魯大學法學院最好的學生，對不對？

B. 對，不過，我在耶魯法學院讀書的時候，各方面的表現都比 Bill 好得多，畢業以後，為了支持他，我只好犧牲自己發展的機會。

A. 那換句話說，就是您覺得您比克林頓更能幹嘍？

B. 不是我自大，說心裡話，我覺得 Bill 只是半瓶醋。他知道的東西並不多，不過他很會說話，他可以用非常通俗、幽默的語言和老百姓討論很深的問題，他也可以用非常漂亮、文雅的語言，做一個正式的電視講話。

A. 是啊！儘管克林頓他有一大堆的醜聞，但老百姓就是喜歡他。您呢？克林頓做了那麼多對不起您的事，難道您不傷心嗎？您幹嗎不跟他離婚呢？

B. 離婚？咳，我不是沒想過離婚，特別是很多人看不起我，諷刺我，有時候我真沒法面對這種情況。可是，想想我們一起走過的風風雨雨，我還是捨不得。而且，每個人都會做錯事，我沒有那麼狠心，我能原諒他。

A. 哇，我相信克林頓先生聽您這麼說，一定會很感動。您能不能談談你們的戀愛史？你們是不是一見鐘情？

B. 我對 Bill 算不上一見鐘情，在耶魯的時候，我們每天在一起學習，他很有幽默感，總是有講不完的笑話，他還給我寫過很多詩，押韻押得很漂亮，慢慢地，我開始崇拜他了。

A. 那，你還記得他向你求婚的情景嗎？
B. 當然記得，第一次求婚是我們研究生畢業去英國旅行的時候，不過被我拒絕了。

A. 那後來呢？

B. 後來他沒有打退堂鼓，他還一直追求我，幾年以後，他又暗示我，希望我嫁給他。

A. 他是怎麼暗示您的？

B. 他買了一所房子，然後告訴我，這所房子需要一個女主人。

A. 你就這麼答應嫁給他了？

B. 對呀，當時我很感動，因為那所房子，是我們一起散步的時候看到的。我當時隨便說了一句"這所房子挺漂亮的"。沒想到他就買了下來，那是他買的第一所房子。

A. 克林頓先生這麼浪漫啊？

B. 他是很浪漫。問題是他不只對我浪漫，還對別的女人浪漫，很過分。

A. 那是以前，他不當總統以後，還繼續做讓你難過的事情嗎？

B. 他當總統的時候，他是中心人物，我一直沒有機會表現，總坐冷板凳，現在跟以前不一樣了，我靠自己的能力得到了紐約人的支持，他也不再給我搞什麼醜聞了。

對話三 老師講解

生：這個對話好像是前總統克林頓的太太希拉裡跟一個記者之間的對話。
師：對，記者想知道希拉裡對克林頓性醜聞的看法。
生：什麼是醜聞？
師：醜，就是不好看；你可以說一個人長得很醜；醜聞就是很丟臉，很沒有面子的事情。比方說，政治醜聞；性醜聞；
生：我聽過一個關於中國高考錄取的醜聞。好像是一個學生考得很好，卻沒有被錄取，一個學生考得不好，可是因為他有關係，結果被錄取了。
師：咳，每天社會上都有一些醜聞。美國人特別喜歡談政治家，總統的醜聞。不過，希拉裡今天拒絕談他丈夫的醜聞。
生：拒絕談就是不願意談，不談，對吧？

師：對，如果一個人請你吃飯，你不想去，你就可以拒絕他。
生：在對話中，希拉裡拒絕談丈夫的性丑聞，這個記者趕快換話題，他們談了什麼話題？
師：他們談起了希拉裡和克林頓在耶魯大學讀書的事情。希拉裡覺得自己比丈夫更能幹，為了丈夫，她犧牲了很多。
生："犧牲"是什麼意思？
師：犧牲，從字面上看，這兩個字右邊分別是"東西"的"西"和"生活"的'"生"，"西"和"生"表示聲音，這兩個字左邊都"牛"字，犧牲原來的意思就是人們拜上天，拜上帝的時候，殺的牛羊等動物，現在我們常常把犧牲用作一個動詞。比方說我想上博士，可是我有兩個孩子，太忙了，我只好為了家庭犧牲上博士的機會。
生：希拉裡覺得她為了支持丈夫，犧牲了自己發展的機會？她覺得自己比克林頓更能幹，成功的可能性更大嗎？
師：對，她說克林頓是半瓶醋。
生："醋"就是做飯的時候放的東西，是酸的，對吧？那，半瓶醋是什麼意思？
師：半瓶醋，是一句俗語。如果瓶子裡裝滿了醋，你怎麼搖，都不會發出聲音，如果只有半瓶，你搖的時候，聲音就很響。
生：哦，我懂了，希拉裡覺得克林頓知道得并不多，可是克林頓很喜歡說，很喜歡表現，不夠謙虛。
師：對，克林頓很會說話，跟老百姓說話的時候，語言很幽默也很通俗。
生：幽默這個詞好像是從英文 humorous 來的，就是很有意思，那通俗是什麼意思？
師：通俗就是很簡單，很容易懂，一般沒有受過很高教育的人也能懂的東西。
生：噢，跟普通老百姓說話就得用比較通俗的語言，要不然老百姓聽不懂，也會埋怨你架子搭。
師：對，可是要是你做一個很正式的講話，你得說得漂亮一點，文雅一點，要不然別人覺得你水平低。
生：你剛才說文雅一點？文雅是什麼意思？
師：一個人受過很好的教育，很懂禮貌，你可以說他很文雅。一個人總是說髒話，穿衣服也不整齊，你可以說他很不文雅。
生：嗯，克林頓在電視上講話的時候語言很漂亮、很幽默，也很文雅。
師：看來你很崇拜他嘍。
生：呵呵，當然了，你看克林頓出了這樣的丑聞，人家希拉裡還崇拜呢，我更應該崇拜了。
師：你別諷刺希拉裡。我覺得她挺可憐的。
生：諷刺？什麼是諷刺？
師：比方說，你跟朋友約好見面，你的朋友遲到了很長時間，你就對他說，嗯，你來得可真早啊，這就是諷刺。再比方說，有人想不通希拉裡為什麼不跟克林頓離婚，覺得希拉裡很奇怪，他可能說：呵呵，希拉裡可真不簡單啊！
生：噢，我懂了，不過我沒有諷刺希拉裡的意思。但我也想不通希拉裡幹嗎不離婚呢？
師：說離婚就離婚，那那麼容易。希拉裡跟克林頓結婚那麼多年，還是有很深的感情的。
生：是啊，離婚是很殘酷的，回想以前在一起的幸福情景，一般人都沒有那麼狠心。
師：對呀，希拉裡現在還常常想起以前克林頓給她寫的詩，說他押韻押得特別好。
生：押韻是什麼意思？

師：押韻就是兩個詞發音的最後一樣或者很像。比方說，go to the beach to eat a peach。Beach 和 peach 這兩個詞就押韻。

生：哦，這就是押韻，在中文裡我們寫詩都要押韻，這樣聽起來才好聽。

師：是嗎？你能不能給我一個例子？

生：好啊：床前明月光，疑是地上霜。

師：噢，第一句最後一個字是光，第二句最後一個是霜，"光"和"霜"這兩個字押韻。

生：那克林頓押韻押的好，就讓希拉裡愛上他了？

師：對呀，不過第一次求婚，希拉裡還是拒絕他了。但克林頓沒有打退堂鼓，一直堅持追求她。

生：你剛才說打退堂鼓。"鼓"就是 drum，那打退堂鼓是什麼意思？

師：在古代中國，法庭，也就是 court，結束叫"退堂"。退堂要打鼓，所以打退堂鼓就是完了，結束了。現在我們用打退堂鼓表示遇到困難就不做了，就放棄了。

生：我懂了，克林頓沒有打退堂鼓，意思就是他們有放棄追求希拉裡。

師：對，他一直追了希拉裡好幾年，最後買了一座房子暗示希拉裡嫁給他。

生：暗示是什麼意思？

師："示"就是表示，讓別人知道，暗示就是不直接說，用別人辦法讓對方看出來或者聽出來你的意思。比方說我覺得你最近有點胖了，我想建議你減肥，我會說，你最近好像該做做運動了，這就是暗示。

生：呵呵，我懂了，那克林頓說這所房子需要一個女人，他暗示希拉裡嫁給他，做這所房子的女主人。

師：對呀，是不是很浪漫呀？

生：浪漫，什麼意思？

師：哎呀，浪漫你都不懂，再想想，這個詞是從英文來的。

生：從英文來的？是不是 romantic？

師：對呀，你談戀愛的時候是不是做了很多浪漫的事？

生：嗯，談戀愛的時候無論做什麼事，只要兩個人一起做，都覺得很浪漫，不過，說心裡話，現在想想不覺得浪漫，覺得有點傻。

師：就像一首歌說的，最浪漫的事就是和自己愛的人一起慢慢變老。

生：是啊，浪漫是挺好的，可是不能對誰都浪漫。克林頓以前可真是傷了希拉裡的心。現在怎麼樣？

師：現在克林頓不當總統了，跟丈夫相比，希拉裡不再覺得自己坐冷板凳了，她的政治生活越來越成功。

生：你說希拉裡不再覺得自己坐冷板凳，坐冷板凳是什麼意思？

師：板凳就是一種椅子，坐冷板凳，就是不被別人重視，沒有機會表現自己的能力。比方說，我在中央電視臺做了三年冷板凳，然後才開始受注意。意思就是，開始三年，沒有人注意我，領導根本不重視我。

生：噢，以前，人們說的都是克林頓什麼什麼的，現在她是 senator，也就是參議員，所以她就覺得自己不再坐冷板凳了。

對話三 問題

1. 下面哪一個不是對話中提到的話題？
a. 克林頓不當總統以後做什麼
b. 克林頓和希拉裡在法學院讀書的情景
c. 克林頓是怎麼向希拉裡求婚的

2. 希拉裡為什麼喜歡克林頓？
a. 希拉裡喜歡克林頓的笑話和押韻漂亮的詩
b. 希拉裡對克林頓一見鐘情
c. 克林頓給希拉裡買了一座房子

3. 希拉裡沒跟克林頓離婚，下面哪個不是原因？
a. 希拉裡沒有那麼狠心，克林頓做錯事她可以原諒
b. 希拉裡舍不得跟克林頓的感情
c. 希拉裡不在乎克林頓的丑聞

4. 根據對話，關於克林頓，下面哪個不對？
a. 希拉裡認為克林頓是半瓶醋
b. 克林頓在電視上講話很通俗，跟老百姓說話很文雅
c. 克林頓幽默、浪漫，會寫押韻的詩

5. 根據對話，關於希拉裡，下面哪個不對？
a. 希拉裡認為自己以前犧牲了很多機會
b. 希拉裡認為自己現在不坐冷板凳了
c. 希拉裡認為自己應該打退堂鼓

第十課 談"吃"

對話一

A．老婆，家裡有什麼吃的，我快餓死了。

B．咦？阿強，你的美國朋友不是請你吃飯嗎？怎麼回來還叫餓呢？

A．哎呀，老婆，你不知道，美國人請客能有什麼？不外乎生菜，牛排，看見這些我就不想吃，一點食欲都沒有。

B．他們只有生菜，牛排啊？

A．是啊，反正幾個美國朋友請我吃飯都是生菜，牛排，好像除了生菜牛排就沒有別的美國菜了。

B．這美國人也真可憐，總吃生的啊？

A．咱沒去過美國，不知道，不過這裡的美國朋友請客時不外乎就這幾樣。

B．哪天請你的美國朋友到家裡來，讓他們看看我做飯的手藝。

A．唉，好主意，這個周六怎麼樣？

B．你說請就請啊？好吧，那，幾個朋友來，我做幾個菜？

A．讓我想想，大為去上海出差了，瑪麗明天要回國，所以，應該只有三個人來。你做２０個菜吧。

B．什麼？三個人來你讓我做２０個菜？

A．哎呀，各種各樣的菜你都做一點點，炫耀一下，讓這些美國人看看中國菜是什麼樣。

B．他們看到以後，一定會非常吃驚，不敢相信自己的眼睛。說不定，他們吃了我做的菜，都想娶個中國老婆呢。

A．那算了，別請他們了，咱們中國女孩子最好，最優秀，還是留著給中國人做老婆吧。

B．不請就不請，真是的，你一會這樣，一會那樣，像個孩子似的。

1. 阿強說他很餓，因為：
a. 他剛回來，還沒有吃飯
b. 他今天沒什麼食欲
c. 他不愛吃美國的生菜牛排

2. 阿強說，美國人請客不外乎生菜牛排，意思是：
a. 美國人請客不愛吃生菜牛排
b. 美國人請客除了生菜牛排沒有別的
c. 美國人請客對生菜、牛排沒有食欲

3. 阿強和老婆想請美國朋友到家裡吃飯，是因為：
a. 他的朋友常常請他吃飯
b. 他的朋友有的要出差，有的要回國了
c. 想要向他的朋友炫耀一下中國菜

4. 關於阿強請客，下面哪個不對？
a. 他準備請美國朋友吃生菜、牛排
b. 他認為美國朋友看到老婆做得菜後會很吃驚
c. 他的朋友大為因為出差不會來

5. 根據對話，我們知道：
a. 中國女孩那麼優秀，讓阿強很吃驚
b. 阿強改變了周六請客的決定
c. 阿強抱怨老婆像孩子一樣變來變去

對話二

A. 小強，吃飯了。快點，今天媽媽做的菜可豐富了，快來嘗嘗好不好吃。

B. 來了來了。真好看，紅色是西紅柿，綠色是黃瓜，嗯？這黃色的是什麼？是土豆嗎？

A. 是蘿蔔，不是土豆，媽媽明天再給你做土豆。

B. 恩，我見過紅蘿蔔，也見過白蘿蔔，還有黃蘿蔔呀？好玩。

A. 哎，用筷子，別用叉子，又不是美國人。

B. 哎呀，媽媽，我討厭用筷子，用筷子吃米飯太難了。

A. 那是因為你用得不好，用得好了，用筷子吃什麼都沒問題。來，嘗嘗媽媽蒸的魚好不好吃。

B. 我不要吃蒸的東西，蒸出來的東西，沒有什麼味道，我喜歡吃燒的東西，燒的東西最好吃。

A. 燒魚還得先炸，再加水煮，太麻煩了。蒸的容易，而且用水蒸的東西有菜原本的味道，你不知道，新鮮的魚蒸出來最好吃，魚不新鮮了才燒著吃呢。

B. 新鮮不新鮮無所謂，只要好吃就行。

A. 你這傻孩子。哎，你不能只吃肉，不吃蔬菜呀，來，吃點西紅柿，還有這個炒蘿卜。

B. 媽媽，我不喜歡吃蔬菜，我就喜歡吃肉

A. 你喜歡也得吃，不喜歡也得吃。

B. 哎呀，你不要什麼都管，我想吃什麼就吃什麼。

A. 我管你是為你好，你不吃蔬菜，營養不夠，容易生病！而且長大以後也不帥，娶不到漂亮的老婆。

B. 沒關係，小強不要老婆。

A. 哦？為什麼呀？

B. 你每天都限制我爸爸看電視球賽，我也喜歡看球賽，以後有老婆了，就不能自由看球賽了。

A. 你這孩子，年紀不大，懂得還不少。

1. 從對話中我們知道，小強和媽媽今天沒有做下面哪種蔬菜？
a. 黃瓜
b. 土豆
c. 蘿卜

2. 小強不喜歡吃蒸的東西，更喜歡吃燒的東西，因為：
a. 燒的東西更有味道
b. 燒的東西更新鮮
c. 蒸的東西更有營養

3.小強的媽媽逼小強吃什麼？
a. 魚
b. 蔬菜
c. 肉

4.如果小強的媽媽剛剛抓了一條魚，她最有可能怎麼吃？
a. 把魚燒了吃
b. 把魚蒸了吃
c. 把魚炒了吃

5.根據對話，下面哪個不對？
a. 小強希望長大後娶個漂亮老婆
b. 小強的爸爸看球賽受到妻子的限制
c. 媽媽擔心小強的營養不夠

對話三

A. 阿建，上次在你們家吃的左宗棠雞真好吃，色香味都不錯。你能不能教教我這個美國人怎麼做？

B. 哎呀，安妮，真不好意思，上次的左宗棠雞不是我做的，是我從飯館裡買的。

A. 哦，怪不得那麼好吃，我以為你有這麼好的做飯手藝，還想好好向你請教呢。

B. 唉，要是有了，我的日子就好過了，可惜沒有，待在美國，我天天都懷念中國菜。

A. 現在在美國，中國飯館可以說是無處不在，想吃中國菜不是問題啊！

B. 話是這麼說，可是這裡的中國飯都不是真正的中國飯，都是美國化了的中國飯。

A. 那倒也是，這裡中國飯的味道的確很差。我在北京留學的時候，學校門口有一家非常好的飯館，我真懷念他們的特色菜，還有北京烤鴨。

B. 你想，連你這個美國人都懷念中國飯，何況我這個中國人了。

A. 那，你住的地區一定沒有好的中國飯館嘍？

B. 別提了，離我家最近的中國飯館，開車也得半個小時，而且每個菜都是一個味道。我現在非常向往畢業回國的那一天，到時候我就可以天天吃中國飯了。

A. 可是你到美國來學醫學大家都羨慕得不得了，而且這裡有最先進的技術，也有很多工作機會，放棄了很可惜呀。

B. 我知道，美國各方面都很發達，很多技術都很先進，可是，在這裡，我不但吃不慣美國飯，而且生活很寂寞，看到別人和家人在一起，我就禁不住想起我的家人。

B. 那倒也是。不能常常跟家人朋友相聚，是很難過的。

A. 再說，我也應該回去為我的國家做貢獻，不能在這裡追求個人享受。

B. 哦，阿建，你的愛國精神，真讓人感動。

A. 別別別，別這麼說，我都不好意思了，其實主要是因為吃不慣美國飯，也離不開家人。

B. 你是中國人，又在美國生活了五、六年，可以說是精通中西語言和文化，而且又學了最先進的技術，我相信你回國以後事業發展一定會一帆風順。

A. 希望如此，不過，說實在的，我真捨不得這裡清新的空氣，漂亮的環境，而且，氣候也非常好，不冷也不熱。

對話三 老師講解

生：這個對話是阿建和他的美國朋友安妮之間的對話。
師：對，開始的時候，安妮向阿建請教怎麼做左宗棠雞。
生：這左宗棠雞是一個菜名，對吧？
師：對，左宗棠是清朝的一個名人，他是湖南人，喜歡吃辣味雞，後來中國人把這道菜叫左宗棠雞。
生：哦，是這樣啊，不過美國的左宗棠雞都是甜酸味的。
師：是啊，安妮就很喜歡上次在阿建家吃的左宗棠雞，說這個菜色香味都不錯。
生：色香味都不錯？什麼是色香味？
師：色就是顏色，香就是聞起來很好聞，味就是味道。一道菜色香味都不錯，就是說這道菜顏色好看，聞起來很香，吃起來也很好吃。
生：噢，所以安妮想請教阿建怎麼做這個色香味都好的左宗棠雞。可惜阿建不會做，他是從飯館買的。
師：對，阿建做中國菜的手藝不怎麼樣，他也吃不慣美國菜。可是安妮覺得中國飯館在美國無處不在，阿建每天都吃中國菜沒問題。
生：你剛才說中國飯館在美國無處不在，這無處不在是什麼意思？
師："處"就是"地方"，"無處"就是沒有一個地方，"無處不在"意思就是沒有一個地方沒有，也就是說哪兒都有。

生：哦，我懂了。現在社會做什麼都得競爭，可以說現代社會競爭無處不在。
師：對，雖然美國的中國飯館無處不在，但阿建覺得這裡的中國菜不是真正的中國菜，而是美國化了的中國菜。
生：對，連安妮這個美國人也覺得這裡中國菜的味道跟她在北京吃的中國菜差遠了。
師：是啊，安妮說她在北京留學的時候常去一家飯館，現在她還懷念那家飯館的特色菜，還有北京烤鴨。
生：北京烤鴨我知道，就是 Peking duck。很有名。 特色菜是什麼意思？
師：特色，就是非常不一樣的特點，它可以作形容詞，你可以說特色文化，意思就是非常有特點的文化，特色建筑，就是非常特別的建筑。
生：那特色菜就是一家飯館非常有特點的菜？
師：對，就是這家飯館最受歡迎的菜。可能就是因為它的特色菜，這家飯館才吸引了那麼多顧客。
生：咳，美國的中國飯館只要有一點像真正的中國菜就好了，不可能有什麼特色菜。
師：可不是嘛，阿建住的那個地區一家中國飯館都沒有。他得開車半個小時才能吃上中國飯。
生：你剛才說阿建住的那個地區，地區就是地方嗎？
師："地區"常常指一大片地方，比方說農村地區，發達地區。我們也常常把一個很大的地方分成幾個地區，給不同的地區起一個名字，這樣比較方便。
生：哦，我知道了，在美國，一個地區可能有幾個小城市，每個地區有自己的學校。學校好的地區，房子就比較貴。
師：對，因為阿建住的地區沒有好的中國飯館，阿建做飯的手藝也不好，所以阿建很向往畢業回中國的那一天。
生：向往畢業回國的那一天？"向往"是什麼意思？
師：如果你對某件事很"向往"，也就是說你非常希望這件事發生在你身上，希望它越早發生越好。比方說，年輕的女孩，都會向往浪漫的愛情。希望有一天能談一場浪漫的戀愛。
生：我現在很窮，羨慕有錢人的生活，可以說我對有錢人的生活很向往。
師：對！
生：那阿建向往回國的那一天，意思就是阿建每天都在想回國的那一天早一點來到。
師：對，可是安妮覺得阿建學的是醫學，美國的醫學技術更先進，放棄在美國發展而回中國很可惜。
生：你剛才說美國的醫學技術更先進，"先進"是什麼意思？
師："先進"跟"落後"相反，就是非常好，跟別的相比，水平高的多，我們常常說先進的技術，先進的方法，先進的管理等等。
生：這個地區很落後，相反，能不能說這個地區很先進？
師：不能，你得說這個地區很發達，先進只能用來說技術，方法，管理，系統等等。
生：哦，我懂了，那雖然美國的醫學技術很先進，但阿建吃不到真正的中國飯，為了先進的技術，還是不值得待在美國。
師：是啊，而且阿建很想他的家人，每次看到別人和家人在一起，他就禁不住想起自己的家人。
生：禁不住想起自己的家人，禁不住是什麼意思？

師："禁不住"意思就是很自然地就發生了，沒有辦法控制。比方說，我在夏威夷就是Hawaii，旅遊的那幾天，每天都會聽到夏威夷音樂，現在我每次聽到同樣的音樂，就禁不住想起我在夏威夷的經歷。

生：我知道吃太多甜東西會長胖，可是我非常喜歡甜東西，一看到甜的東西，我就禁不住吃了一口又一口。

師：很多人都喜歡吃甜的東西，只要吃起來，都會禁不住多吃一些。

生：那阿建這麼想念自己的家人，看來他真應該回國發展了。

師：是啊，阿建覺得回國發展可以常常跟家人朋友相聚。

生：相聚是什麼意思？

師："相聚"的"聚"就是"聚會"的"聚"。跟朋友相聚，就是跟朋友聚在一起。

生：哦，中國人過年，美國人過感恩節，聖誕節，一定要跟親戚相聚在一起。

師：對，能常常跟親人朋友相聚對阿建來說很重要。所以他選擇回國發展。而且安妮覺得阿建回國發展一定會一帆風順，因為阿建精通中西方語言和文化。

生：精通中西方語言和文化，精通是什麼意思？

師："精通"就是對一種技術，對一個方面的知識非常了解，很有學問。

生：哦，我的同屋對網絡通訊技術很精通，我對中國歷史文化比較精通，所以我們常常互相請教這兩方面的東西。

師：那非常好，每個人都應該至少精通一種技術或者一方面的知識。

生：那阿建是中國人，對中國語言和文化當然很精通，現在又在美國住了好幾年，對美國文化也很精通。

師：是啊，所以安妮覺得阿建回國發展也不錯。不過阿建說真捨不得美國漂亮的環境，他也喜歡這裡的氣候。

生：你說他喜歡這裡的氣候，氣候就是天氣嗎？

師：天氣常常指一天的情況，會不會下雨，熱不熱等等，而氣候是指一個地方一年或者每個季節的天氣特點。

生：哦，我懂了，如果問紐約的氣候怎麼樣，你得說紐約一年春夏秋冬很明顯，冬天很冷，夏天很熱，等等。

師：對了。

對話三 問題

1. 關於對話中安妮提到的左宗棠雞，下面哪個不對？
a. 是安妮在阿建家吃的
b. 是阿建從飯館買的
c. 看起來不好看，吃起來很好吃

2. 根據對話，關於美國的中國飯館，下面哪個不對？
a. 色香味都不錯
b. 都只賣美國化了的中國菜
c. 中國飯館在美國無處不在

3. 從對話中，我們知道：
a. 阿建向往跟家人相聚
b. 安妮知道怎麼做左宗棠雞
c. 美國的工作機會多，讓阿建禁不住想留下來

4. 安妮覺得阿建回中國太可惜，因為：
a. 中國的環境和氣候太差
b. 美國的醫學技術更先進，更發達
c. 阿建就不能為美國做貢獻了

5. 安妮認為阿建回國以後，事業會一帆風順，因為：
a. 阿建可以每天都吃中國飯
b. 阿建精通中西語言和文化
c. 阿建的愛國精神令人感動

第十一課 中國的搖滾歌手崔健

對話一

Ａ．(女) 咳！丹尼，上哪兒？

Ｂ．(男) 上體育館去，好久沒鍛煉身體了，想到體育館裡跑跑步。

Ａ．體育館前有一群人在抗議呢！今天可能不開。

Ｂ．抗議？誰在抗議，抗議什麼？

Ａ．好像是學校的秘書，還有其他一些在食堂工作的職員。

Ｂ．早就聽說他們要組織抗議活動，我以為是謠言，沒想到是真的。

Ａ．對，是真的，不是謠言。這些職員抱怨他們的工資不高，福利不好，也要求學校給他們提供更好的退休計劃。

Ｂ．今天的氣溫只有二十幾度，一會兒也許還會下雪。這群人真不怕冷，這樣的天氣還跑出來抗議。

Ａ．他們有精神的很呢！你遠遠地就可以聽到他們的吶喊。

Ｂ．吶喊？他們吶喊什麼？

Ａ．他們喊："提高工資！現在就提高""我替你工作，你給我福利！"他們的聲音大得很，吵得附近的學生都不能上課。

Ｂ．那學校領導沒有跟他們談談嗎？得早一點解決這個問題，要不然我們食堂也要關門了。

Ａ．聽說他們正在談。不過帶領抗議的負責人拒絕簽協議，他們要爭取更高的工資。學校沒辦法滿足他們的工資要求。

Ｂ．完了，看來這幾天體育館都不開，鍛煉不成了。

Ａ．我看啊，明天食堂也要關門。要是他們每次抗議都起作用，以後哪個團體都會動不動就抗議，來要求更好的福利。

B．可不是嘛，咱們食堂的飯一成不變，哪天我們學生也來抗議一下！

1. 丹尼和他的朋友在對話中討論什麼？
a. 學校的抗議
b. 學校的食堂
c. 學校的體育館

2. 關於對話裡的抗議，下面哪個不對？
a. 有人要抗議不是謠言
b. 有個抗議活動正在進行
c. 抗議發生時氣溫很高

3. 對話中的抗議者抗議有很多原因，下面哪個不是？
a. 食堂的飯菜一成不變
b. 退休計劃太差
c. 工資福利不高

4. 抗議的人群和學校領導還沒有簽協議，因為：
a. 他們動不動就抗議，學校領導不重視
b. 他們的要求學校不能滿足
c. 他們拒絕跟學校領導談

5. 關於對話，下面哪個不對？
a. 學校的飯菜讓學生不滿意
b. 丹尼和他的朋友不需要關心這個抗議
c. 抗議的吶喊影響學生上課

對話二

A．對不起，老婆，我回來晚了，今天路上交通很不好，堵車堵很厲害。

B．沒事啊，反正晚飯還沒有準備好。

A．準備晚飯？我們不是要去阿強家參加聚會嗎？

B．哦，他下午打電話說聚會取消了，沒有聚會了。

A．聚會取消了？為什麼呀？真氣人。

B．取消就取消了，有什麼好氣的。正好我們吃完晚飯可以去看王菲的演唱會。

A．王菲的演唱會？你開玩笑吧？你怎麼會有王菲演唱會的票？

B．我知道王菲是你最喜歡的歌手。她的歌你幾乎都會唱。所以買了她的演唱會的票，讓你高興高興？

A．真的，謝謝老婆，那，你說老實話，又想讓我給你買什麼了？

B．你想哪兒去了？我可沒有別的目的。

A．嗯，我不是不相信你，可是我不能不懷疑。難道你知道阿強會取消聚會？我們今天有聚會，你怎麼還買演唱會的票？

B．算了，不瞞你了，其實演唱會的票是阿強給咱們買的。

A．原來是這樣，我說呢。這阿強果然夠朋友，太好了，太好了。

B．看把你高興的，快來幫我做飯。

A．來了，來了。

1. 對話中，先生著急回家，因為他要：
a. 急於吃晚飯
b. 去看一個演唱會
c. 參加朋友的聚會

2. 關於這個演唱會，下面哪個不對？
a. 演唱會的歌手先生非常喜歡
b. 太太買了演唱會的票讓先生高興
c. 先生幾乎會唱這個歌手所有的歌

3. 從這個對話中，我們可以知道：
a. 先生常常懷疑太太說的話
b. 先生以為太太想要先生給她買東西
c. 阿強常常取消聚會

4. 先生懷疑演唱會的票不是太太買的，因為：
a. 太太并不知道阿強要取消聚會
b. 太太不知先生喜歡這個演唱會
c. 太太沒有什麼東西想讓先生給她買

5. 根據對話，下面哪個不對？
a. 先生本來以為阿強不夠朋友
b. 先生和太太吃完飯去會看演唱會
c. 先生對演唱會沒興趣，更想去聚會

對話三

A．阿華，你喜歡披頭四的音樂嗎？我真喜歡他們的音樂，他們真是音樂天才。

B．披頭四？那是我爸最喜歡的樂隊。我爸收集了披頭四的每一張專輯。

A．哦！你爸是披頭四的歌迷啊！他不是從中國來的嗎？我聽說二三十年前，中國人聽的都是歌頌社會主義，毛主席那一類的歌，你爸怎麼能聽到披頭四的歌呢？

B．丹尼，你說的是中國大陸的情況。我爸七歲就到臺灣了。他年輕的時候，臺灣有一些美國的軍人，他們把美國的流行音樂帶進臺灣，當時美國的流行歌在臺灣非常流行。

A．真的嗎？所以，二三十年前，臺灣人就開始聽美國的搖滾樂了！

B．沒錯。當時美國的搖滾樂給臺灣的年輕人帶來不小的震撼，他們都迷上了搖滾樂。但老一輩的人還是比較保守，他們似乎覺得搖滾樂是什麼邪惡的東西，會讓年輕人墮落，不努力讀書，不努力工作

A．那當時的年輕人，聽搖滾樂不能讓老人發現，得偷偷聽嘍。

B．對呀，要是老人發現你在聽搖滾樂，他們會覺得你很墮落，追求一些不健康的束西。

A．那是為什麼呀？

B．可能是因為搖滾音樂的風格，你知道，唱搖滾樂好像是在吶喊，而且表達的大多是自己的不滿和無奈。

A．對，年輕人都比較叛逆，總是有各種各樣的不滿，所以比較喜歡搖滾音樂這個風格。

B．可是，在老年人看來，放著好好的歌你不唱，在那兒喊什麼？

A．哈哈，有時候年輕人心裡的感受，老人說什麼也不會理解的。

B．是啊，不過，我覺得我爸很了解我，可能是因為我們都是披頭四的歌迷，我們常常像朋友一樣無話不談。

Ａ．你有一個了解你的爸爸，真令人羨慕。

對話三 老師講解

師：這個對話的話題是音樂，但不是普通音樂，是搖滾音樂。
生：搖滾音樂就是 Rock & roll？
師：對，"搖"就是"搖頭""搖手"的"搖"，一個圓圓的東西，比方說籃球，在地上可以"滾"。漢語"搖滾音樂"這個說法來源於英語，因為搖滾音樂來源於美國。
生：像上個世紀五十年代貓王 Evlis Presley 的音樂就是搖滾音樂。
師：對，貓王被稱為搖滾樂之王。但這個對話裡他們談的是流行於上個世紀六、七十年代的英國披頭四樂隊。
生：就是 Beattles，大陸所謂的甲殼蟲樂隊？
師：對，樂隊一般由三、五個人組合而成。在一個搖滾樂隊裡，打鼓的叫鼓手，唱歌的叫歌手，彈吉他的叫吉他手。
生：在這個對話裡，男說話人丹尼覺得披頭四的音樂怎麼樣？
師：丹尼覺得披頭四的成員都是音樂天才。
生：天才是什麼意思？
師：天才就是一個人天生就有一種特別的，出生後很難培養的才能。比方說一個人天生就非常喜歡畫畫，而且畫得特別好，你可以說他有畫畫的天才。或者說他是一個天才畫家。
生：一個孩子天生數學特別好，你可以說他是一個數學天才，或者天才數學家。
師：對，在這個對話裡，丹尼和阿華都認為披頭四是音樂天才。他們倆都是披頭四樂隊的歌迷。
生：什麼是歌迷？
師：如果你非常喜歡某個歌手的歌，你就是他的歌迷。你是誰的歌迷？
生：我對音樂沒有特別的興趣，我喜歡打球，尤其喜歡看姚明打籃球，我可以說是姚明的球迷。
師：你怎麼不喜歡披頭四的音樂呢？連阿華的爸爸也是披頭四樂隊的歌迷。他收集了披頭四樂隊的每一張專輯。
生：收集專輯，什麼是專輯？
師：一張 CD 裡，所有的音樂都是某個歌手或者某個樂隊的，這張 CD 就是這個歌手或樂隊的專輯。如果一張 CD 裡，有很多不同歌手的音樂，就不是專輯，是合輯。
生：合作的合嗎？
師：對。
生：說話人的爸爸已經那麼老了，竟然是披頭四的歌迷，披頭四出版的專輯他都買了！一般來說，搖滾音樂 不太受老一輩人的歡迎。
師：對呀，丹尼也很吃驚阿華的爸爸竟然是披頭四的歌迷，他聽說中國的老一輩人唱的歌，都是歌頌共產黨，歌頌毛澤東的。
生：歌頌是不是就是稱贊呀？

師：對，不過歌頌可不是一般的稱贊，你功課做得好，老師稱贊你，而歌頌，要唱歌，寫文章，出版書，舉行各種活動等等。歌頌的對象常常是一個制度，一個偉大的英雄，或者領導。

生：我知道了，我聽說中國的小孩子常常唱歌頌雷鋒，歌頌共產黨的歌。

師：我記得小時候，老師教我們唱"社會主義好，社會主義好，社會主義國家人民地位高。"

生：哈哈，現在聽起來真可笑。中國現在都不是社會主義了。

師：怎麼不是，中國政府說那是有中國特色的社會主義。

生：好好，那阿華的爸爸每天都唱這些歌頌歌曲，怎麼有機會聽到搖滾樂？

師：阿華的爸爸7歲就離開大陸到了臺灣。所以說他是在臺灣長大的。

生：我知道是怎麼一回事了。當時中國跟臺灣的關係很緊張。美國在臺灣有很多軍隊。你想，軍人都是20歲左右的年輕人，一定都是搖滾樂迷。他爸爸那時也是年輕人，受美國軍人的影響，變成一個搖滾歌迷是很自然的事。

師：對呀，當時從美國來的搖滾音樂對年輕人是很大的震撼。

生：我知道earthquke是地震。那震撼是什麼意思？

師："震撼"的"震"和"地震"的"震"是同一個字，"撼"就是用手搖一個大東西，"震撼"就是讓人非常吃驚，有非常大的影響。

生：搖滾樂給臺灣的年輕人帶來很大的震撼，意思就是對臺灣的年輕人帶來了很大的影響。

師：是啊，搖滾音樂跟傳統的音樂太不一樣了，連臺灣的年輕人都覺得很震撼，臺灣老一輩人更是聽不慣，他們認為搖滾音樂是一種邪惡的東西。

生：邪惡是什麼意思？

師：邪惡就是非常壞，我們常常說邪惡的思想，邪惡的政府，如果一種宗教壓迫人民，那就是一種邪惡的宗教。

生：搖滾音樂裡充滿了非傳統的東西，所以老一輩認為搖滾音樂是邪惡的。

師：對，老一輩覺得聽搖滾音樂會讓年輕人墮落。

生：墮落，墮落是什麼意思？"墮"就是"墮胎"的"墮"嗎？

師：對，"落"就是"落後"的"落"。"墮落"就是變得很不好，每天三心二意，不學習，不工作，每天追求的都是吃喝玩樂，吸毒或者色情的等不健康的東西。

生：聽搖滾樂怎麼就會墮落呢？

師：阿華說，在那個時代的老一輩人眼裡，搖滾樂的風格太奇怪，跟傳統音樂太不一樣。

生：你說搖滾樂的風格太奇怪，風格是什麼意思？

師：我們以前學過"作風"，"風格"跟"作風"的意思差不多，但"作風"常常是說一個人，一個公司，一個政府，我們說一個人的工作作風，生活作風等等。"風格"常常是說一種藝術，比方說音樂風格，建築風格，畫畫的風格，寫作風格等等。

生：我懂了，我喜歡中國唐朝的建筑風格。

師：是嗎？現在在中國，建一個歐洲風格的房子很時髦。

生：那搖滾音樂的風格跟傳統的中國音樂是很不一樣，可也不能說聽搖滾樂就墮落吧？

師：你知道，年輕人總是不滿，搖滾音樂的風格正好可以表達年輕人的這種感受，讓老一輩人覺得年輕人更叛逆。

生：叛逆？叛逆是什麼意思？

師：說一個人叛逆，就是說他的想法跟傳統的或者跟大多數人的都不一樣。如果大家都在歌頌社會主義，要是有人認為社會主義不值得歌頌，大家就會覺得他很叛逆。
生：哦，這就是"叛逆"。孩子長到十幾歲的時候，就變得叛逆了，開始不聽父母的話了，總是喜歡用奇怪的方式表現自己的個性和想法。
師：可不是嘛，這個年紀的孩子，叛逆起來，總是讓家長和老師傷腦筋。
生：以前老一輩的人不讓孩子聽搖滾樂，是怕他們越聽越叛逆，更怕他們墮落。
師：是啊，不過，他們還是偷偷地聽。
生：偷偷聽，就是聽的時候不讓父母或者老一輩知道，對吧？
師：對，"偷"是個動詞，如果不是你的東西，可是你很想要，沒人看的時候你把這個東西拿走了，你就算是偷了別人的東西。
生：如果你偷了別人的東西，那你就是個小偷。
師：是，而"偷偷"是個副詞，比方說我媽媽不讓我上網跟別人聊天，我在她睡覺的時候，偷偷上網。
生：我懂了，我太太怕我吃得太胖，不讓我吃甜的東西，可是我總是在他不注意的時候偷偷吃。
師：咳，真難想象以前臺灣的年輕人聽音樂還得偷偷聽，真可憐。

對話三 問題

1.從對話中，我們知道：
a. 阿華、阿華他爸和丹尼都是披頭四的歌迷
b. 在丹尼看來，披頭四不是音樂天才
c. 披頭四的專輯阿華沒有收集

2. 根據對話，阿華他爸聽搖滾音樂的那個時代，大陸的年輕人聽的、唱的是：
a. 歌頌毛澤東的歌
b. 美國的流行歌
c. 披頭四的音樂

3. 二三十年前，老一輩反對年輕人聽搖滾樂，因為他們認為：
a. 搖滾樂讓年輕人非常震撼
b. 搖滾樂讓年輕人開始墮落
c. 搖滾樂讓年輕人身體不健康

4. 根據對話，下面哪個不是搖滾樂的特點？
a. 唱搖滾樂好像是吶喊
b. 搖滾樂常常表達無奈和不滿
c. 搖滾樂總是表達邪惡的東西

5. 根據對話，下面哪個說法不對？
a. 保守的老年人不喜歡搖滾樂的風格
b. 丹尼和阿華很叛逆，所以喜歡搖滾樂
c. 阿華和爸爸之間有很好的交流

Made in the USA
Lexington, KY
27 August 2015